HÚNGARO

VOCABULÁRIO

PORTUGUÊS BRASILEIRO

PORTUGUÊS HÚNGARO

Para alargar o seu léxico e apurar
as suas competências linguísticas

7000 palavras

Vocabulário Português Brasileiro-Húngaro - 7000 palavras

Por Andrey Taranov

Os vocabulários da T&P Books destinam-se a ajudar a aprender, a memorizar, e a rever palavras estrangeiras. O dicionário é dividido em temas, cobrindo todas as principais esferas de atividades quotidianas, negócios, ciência, cultura, etc.

O processo de aprendizagem, utilizando os dicionários baseados em temáticas da T&P Books dá-lhe as seguintes vantagens:

- Informação de origem corretamente agrupada predetermina o sucesso em fases subsequentes da memorização de palavras
- Disponibilização de palavras derivadas da mesma raiz, o que permite a memorização de unidades de texto (em vez de palavras separadas)
- Pequenas unidades de palavras facilitam o processo de estabelecimento de vínculos associativos necessários para a consolidação do vocabulário
- O nível de conhecimento da língua pode ser estimado pelo número de palavras aprendidas

T&P Books Publishing
www.tpbooks.com

ISBN: 978-1-78767-320-5

Este livro também está disponível em formato E-book.
Por favor visite www.tpbooks.com ou as principais livrarias on-line.

VOCABULÁRIO HÚNGARO
palavras mais úteis

Os vocabulários da T&P Books destinam-se a ajudar a aprender, a memorizar, e a rever palavras estrangeiras. O vocabulário contém mais de 7000 palavras de uso comum organizadas tematicamente.

O vocabulário contém as palavras mais comummente usadas
Recomendado como adicional para qualquer curso de línguas
Satisfaz as necessidades dos iniciados e dos alunos avançados de línguas estrangeiras
Conveniente para o uso diário, sessões de revisão e atividades de auto-teste
Permite avaliar o seu vocabulário

Características especias do vocabulário

- As palavras estão organizadas de acordo com o seu significado, e não por ordem alfabética
- As palavras são apresentadas em três colunas para facilitar os processos de revisão e auto-teste
- As palavras compostas são divididas em pequenos blocos para facilitar o processo de aprendizagem
- O vocabulário oferece uma transcrição simples e adequada de cada palavra estrangeira

O vocabulário contém 198 tópicos incluindo:

Conceitos básicos, Números, Cores, Meses, Estações do ano, Unidades de medida, Roupas & Acessórios, Alimentos & Nutrição, Restaurante, Membros da Família, Parentes, Caráter, Sentimentos, Emoções, Doenças, Cidade, Passeios, Compras, Dinheiro, Casa, Lar, Escritório, Trabalho no Escritório, Importação & Exportação, Marketing, Pesquisa de Emprego, Esportes, Educação, Computador, Internet, Ferramentas, Natureza, Países, Nacionalidades e muito mais ...

TABELA DE CONTEÚDOS

GUIA DE PRONUNCIAÇÃO

Alfabeto fonético T&P   **Exemplo Húngaro**   **Exemplo Português**

[ɒ]	takaró [tɒkɒroː]	chamar
[aː]	bátor [baːtor]	rapaz
[ɛ]	öreg [ørɛg]	mesquita
[eː]	csésze [ʧeːsɛ]	plateia
[i]	viccel [vitsɛl]	sinônimo
[iː]	híd [hiːd]	cair
[o]	komoly [komoj]	lobo
[oː]	óvoda [oːvodɒ]	albatroz
[ø]	könny [køɲ]	orgulhoso
[øː]	rendőr [rɛndøːr]	orgulhoso
[u]	tud [tud]	bonita
[uː]	bútor [buːtor]	blusa
[y]	üveg [yvɛg]	questionar
[yː]	tűzoltó [tyːzoltoː]	vermelho

Consoantes

[b]	borsó [borʃoː]	barril
[c]	kutya [kucɒ]	Tchim-tchim!
[ts]	recept [rɛtsɛpt]	tsé-tsé
[ʧ]	bocsát [boʧaːt]	Tchau!
[d]	dal [dɒl]	dentista
[dz]	edző [ɛdzøː]	pizza
[dʒ]	dzsem [dʒɛm]	adjetivo
[f]	feltétel [fɛlteːtɛl]	safári
[g]	régen [reːgɛn]	gosto
[h]	homok [homok]	[h] aspirada
[j]	játszik [jaːtsik]	Vietnã
[ɟ]	negyven [nɛɟvɛn]	jingle
[k]	katalógus [kɒtoloːguʃ]	aquilo
[l]	olcsó [olʧoː]	libra
[m]	megment [mɛgmɛnt]	magnólia
[n]	négyzet [neːɟzɛt]	natureza
[ŋ]	senki [ʃɛŋki]	alcançar
[ɲ]	kanyar [kɒɲor]	ninhada
[p]	pizsama [piʒomɒ]	presente
[r]	köröm [kørøm]	riscar

Alfabeto fonético T&P	Exemplo Húngaro	Exemplo Português
[s]	szoknya [sokɲɒ]	sanita
[ʃ]	siet [ʃiɛt]	mês
[t]	táska [taːʃkɒ]	tulipa
[v]	vezető [vɛzɛtøː]	fava
[z]	frizura [frizurɒ]	sésamo
[ʒ]	mazsola [mɒʒolɒ]	talvez

ABREVIATURAS
usadas no vocabulário

Abreviaturas do Português

adj	-	adjetivo
adv	-	advérbio
anim.	-	animado
conj.	-	conjunção
desp.	-	esporte
etc.	-	Etcetera
ex.	-	por exemplo
f	-	nome feminino
f pl	-	feminino plural
fem.	-	feminino
inanim.	-	inanimado
m	-	nome masculino
m pl	-	masculino plural
m, f	-	masculino, feminino
masc.	-	masculino
mat.	-	matemática
mil.	-	militar
pl	-	plural
prep.	-	preposição
pron.	-	pronome
sb.	-	sobre
sing.	-	singular
v aux	-	verbo auxiliar
vi	-	verbo intransitivo
vi, vt	-	verbo intransitivo, transitivo
vr	-	verbo reflexivo
vt	-	verbo transitivo

CONCEITOS BÁSICOS

Conceitos básicos. Parte 1

1. Pronomes

eu	én	[e:n]
você	te	[tɛ]
ele, ela	ő	[ø:]
nós	mi	[mi]
vocês	ti	[ti]
eles, elas	ők	[ø:k]

2. Cumprimentos. Saudações. Despedidas

Oi!	Szervusz!	[sɛrvus]
Olá!	Szervusztok!	[sɛrvustok]
Bom dia!	Jó reggelt!	[jo: rɛggɛlt]
Boa tarde!	Jó napot!	[jo: nɒpot]
Boa noite!	Jó estét!	[jo: ɛʃte:t]
cumprimentar (vt)	köszönt	[køsønt]
Oi!	Szia!	[siɒ]
saudação (f)	üdvözlet	[ydvøzlɛt]
saudar (vt)	üdvözöl	[ydvøzøl]
Tudo bem?	Hogy vagy?	[hoɟ vɒɟ]
E aí, novidades?	Mi újság?	[mi u:jʃa:g]
Tchau! Até logo!	Viszontlátásra!	[visont la:ta:ʃrɒ]
Até breve!	A közeli viszontlátásra!	[ɒ køzɛli visont la:ta:ʃrɒ]
Adeus! (sing.)	Isten veled!	[iʃtɛn vɛlɛd]
Adeus! (pl)	Isten vele!	[iʃtɛn vɛlɛ]
despedir-se (dizer adeus)	elbúcsúzik	[ɛlbu:tʃu:zik]
Até mais!	Viszlát!	[visla:t]
Obrigado! -a!	Köszönöm!	[køsønøm]
Muito obrigado! -a!	Köszönöm szépen!	[køsønøm se:pɛn]
De nada	Kérem.	[ke:rɛm]
Não tem de quê	szóra sem érdemes	[so:rɒ ʃɛm e:rdɛmɛʃ]
Não foi nada!	nincs mit	[nintʃ mit]
Desculpa! -pe!	Bocsánat!	[botʃa:nɒt]
desculpar (vt)	bocsát	[botʃa:t]
desculpar-se (vr)	bocsánatot kér	[botʃa:nɒtot ke:r]
Me desculpe	bocsánatot kérek	[botʃa:nɒtot ke:rɛk]

13

Desculpe!	Elnézést!	[ɛlne:ze:ʃt]
perdoar (vt)	bocsát	[botʃa:t]
por favor	kérem szépen	[ke:rɛm se:pɛn]

Não se esqueça!	Ne felejtse!	[nɛ fɛlɛjtʃɛ]
Com certeza!	Persze!	[pɛrsɛ]
Claro que não!	Persze nem!	[pɛrsɛ nɛm]
Está bem! De acordo!	Jól van!	[jo:l vɒn]
Chega!	Elég!	[ɛle:g]

3. Números cardinais. Parte 1

zero	nulla	[nullɒ]
um	egy	[ɛɟ]
dois	kettő, két	[kɛttø:], [ke:t]
três	három	[ha:rom]
quatro	négy	[ne:ɟ]

cinco	öt	[øt]
seis	hat	[hɒt]
sete	hét	[he:t]
oito	nyolc	[ɲolts]
nove	kilenc	[kilɛnts]

dez	tíz	[ti:z]
onze	tizenegy	[tizɛnɛɟ]
doze	tizenkettő	[tizɛŋkɛttø:]
treze	tizenhárom	[tizɛnha:rom]
catorze	tizennégy	[tizɛnne:ɟ]

quinze	tizenöt	[tizɛnøt]
dezesseis	tizenhat	[tizɛnhɒt]
dezessete	tizenhét	[tizɛnhe:t]
dezoito	tizennyolc	[tizɛɲɲølts]
dezenove	tizenkilenc	[tizɛŋkilɛnts]

vinte	húsz	[hu:s]
vinte e um	huszonegy	[husonɛɟ]
vinte e dois	huszonkettő	[huson kɛttø:]
vinte e três	huszonhárom	[huson ha:rom]

trinta	harminc	[hɒrmints]
trinta e um	harmincegy	[hɒrmintsɛɟ]
trinta e dois	harminckettő	[hɒrmints kɛttø:]
trinta e três	harminchárom	[hɒrmintsha:rom]

quarenta	negyven	[nɛɟvɛn]
quarenta e um	negyvenegy	[nɛɟvɛnɛɟ]
quarenta e dois	negyvenkettő	[nɛɟvɛn kɛttø:]
quarenta e três	negyvenhárom	[nɛɟvɛn ha:rom]

cinquenta	ötven	[øtvɛn]
cinquenta e um	ötvenegy	[øtvɛnɛɟ]
cinquenta e dois	ötvenkettő	[øtvɛn kɛttø:]

cinquenta e três	ötvenhárom	[øtvɛn haːrom]
sessenta	hatvan	[hɒtvɒn]
sessenta e um	hatvanegy	[hɒtvɒnɛɟ]
sessenta e dois	hatvankettő	[hɒtvɒn kɛttø:]
sessenta e três	hatvanhárom	[hɒtvɒn haːrom]

setenta	hetven	[hɛtvɛn]
setenta e um	hetvenegy	[hɛtvɛnɛɟ]
setenta e dois	hetvenkettő	[hɛtvɛn kɛttø:]
setenta e três	hetvenhárom	[hɛtvɛn haːrom]

oitenta	nyolcvan	[ɲoltsvɒn]
oitenta e um	nyolcvanegy	[ɲoltsvɒnɛɟ]
oitenta e dois	nyolcvankettő	[ɲoltsvɒn kɛttø:]
oitenta e três	nyolcvanhárom	[ɲoltsvɒn haːrom]

noventa	kilencven	[kilɛntsvɛn]
noventa e um	kilencvenegy	[kilɛntsvɛnɛɟ]
noventa e dois	kilencvenkettő	[kilɛntsvɛn kɛttø:]
noventa e três	kilencvenhárom	[kilɛntsvɛn haːrom]

4. Números cardinais. Parte 2

cem	száz	[saːz]
duzentos	kétszáz	[keːtsaːz]
trezentos	háromszáz	[haːromsaːz]
quatrocentos	négyszáz	[neːɟsaːz]
quinhentos	ötszáz	[øtsaːz]

seiscentos	hatszáz	[hɒtsaːz]
setecentos	hétszáz	[heːtsaːz]
oitocentos	nyolcszáz	[ɲoltssaːz]
novecentos	kilencszáz	[kilɛntssaːz]

mil	ezer	[ɛzɛr]
dois mil	kétezer	[keːtɛzɛr]
três mil	háromezer	[haːromɛzɛr]
dez mil	tízezer	[tiːzɛzɛr]
cem mil	százezer	[saːzɛzɛr]
um milhão	millió	[millio:]
um bilhão	milliárd	[millia:rd]

5. Números. Frações

fração (f)	tört	[tørt]
um meio	fél	[feːl]
um terço	egy harmad	[ɛɟ hɒrmɒd]
um quarto	egy negyed	[ɛɟ nɛɟɛd]
um oitavo	egy nyolcad	[ɛɟ nøltsɒd]
um décimo	egy tized	[ɛɟ tizɛd]
dois terços	két harmad	[keːt hɒrmɒd]
três quartos	három negyed	[haːrom nɛɟɛd]

15

6. Números. Operações básicas

subtração (f)	kivonás	[kivona:ʃ]
subtrair (vi, vt)	kivon	[kivon]
divisão (f)	osztás	[osta:ʃ]
dividir (vt)	oszt	[ost]
adição (f)	összeadás	[øssɛɒda:ʃ]
somar (vt)	összead	[øssɛɒd]
adicionar (vt)	hozzáad	[hozza:ɒd]
multiplicação (f)	szorzás	[sorza:ʃ]
multiplicar (vt)	megszoroz	[mɛgsoroz]

7. Números. Diversos

algarismo, dígito (m)	számjegy	[sa:mjɛɟ]
número (m)	szám	[sa:m]
numeral (m)	számnév	[sa:mne:v]
menos (m)	mínusz	[mi:nus]
mais (m)	plusz	[plus]
fórmula (f)	formula	[formulɒ]
cálculo (m)	kiszámítás	[kisa:mi:ta:ʃ]
contar (vt)	számol	[sa:mol]
calcular (vt)	összeszámol	[øssɛsa:mol]
comparar (vt)	összehasonlít	[øssɛhɒʃonli:t]
Quanto?	Mennyi?	[mɛnɲi]
Quantos? -as?	Hány?	[ha:ɲ]
soma (f)	összeg	[øssɛg]
resultado (m)	eredmény	[ɛrɛdme:ɲ]
resto (m)	maradék	[mɒrɒde:k]
alguns, algumas ...	néhány	[ne:ha:ɲ]
pouco (~ tempo)	kevés ...	[kɛve:ʃ]
resto (m)	egyéb	[ɛɟe:b]
um e meio	másfél	[ma:ʃfe:l]
dúzia (f)	tucat	[tutsɒt]
ao meio	ketté	[kɛtte:]
em partes iguais	egyenlően	[ɛɟɛnlø:ɛn]
metade (f)	fél	[fe:l]
vez (f)	egyszer	[ɛcsɛr]

8. Os verbos mais importantes. Parte 1

abrir (vt)	nyit	[ɲit]
acabar, terminar (vt)	befejez	[bɛfɛjɛz]
aconselhar (vt)	tanácsol	[tɒna:ʧol]
adivinhar (vt)	kitalál	[kitɒla:l]

advertir (vt)	figyelmeztet	[fiɟɛlmɛztɛt]
ajudar (vt)	segít	[ʃɛgiːt]
almoçar (vi)	ebédel	[ɛbeːdɛl]
alugar (~ um apartamento)	bérel	[beːrɛl]
amar (pessoa)	szeret	[sɛrɛt]
ameaçar (vt)	fenyeget	[fɛnɛgɛt]

anotar (escrever)	feljegyez	[fɛljɛɟɛz]
apressar-se (vr)	siet	[ʃiɛt]
arrepender-se (vr)	sajnál	[ʃɒjnaːl]
assinar (vt)	aláír	[ɒlaːiːr]
brincar (vi)	viccel	[vitsɛl]

brincar, jogar (vi, vt)	játszik	[jaːtsik]
buscar (vt)	keres	[kɛrɛʃ]
caçar (vi)	vadászik	[vɒdaːsik]
cair (vi)	esik	[ɛʃik]
cavar (vt)	ás	[aːʃ]
chamar (~ por socorro)	hív	[hiːv]

chegar (vi)	érkezik	[eːrkɛzik]
chorar (vi)	sír	[ʃiːr]
começar (vt)	kezd	[kɛzd]
comparar (vt)	összehasonlít	[øssɛhɒʃonliːt]
concordar (dizer "sim")	beleegyezik	[bɛlɛɛɟɛzik]

confiar (vt)	rábíz	[raːbiːz]
confundir (equivocar-se)	összetéveszt	[øssɛteːvɛst]
conhecer (vt)	ismer	[iʃmɛr]
contar (fazer contas)	számol	[saːmol]
contar com ...	számít ...re	[saːmiːt ...rɛ]
continuar (vt)	folytat	[fojtɒt]

controlar (vt)	ellenőriz	[ɛllɛnøːriz]
convidar (vt)	meghív	[mɛghiːv]
correr (vi)	fut	[fut]
criar (vt)	teremt	[tɛrɛmt]
custar (vt)	kerül	[kɛryl]

9. Os verbos mais importantes. Parte 2

dar (vt)	ad	[ɒd]
dar uma dica	céloz	[tseːloz]
decorar (enfeitar)	díszít	[diːsiːt]
defender (vt)	véd	[veːd]
deixar cair (vt)	leejt	[lɛɛjt]

descer (para baixo)	lemegy	[lɛmɛɟ]
desculpar-se (vr)	bocsánatot kér	[botʃaːnɒtot keːr]
dirigir (~ uma empresa)	irányít	[iraːniːt]
discutir (notícias, etc.)	megbeszél	[mɛgbɛseːl]

| disparar, atirar (vi) | lő | [løː] |
| dizer (vt) | mond | [mond] |

17

duvidar (vt)	kételkedik	[ke:tɛlkɛdik]
encontrar (achar)	talál	[tɒla:l]
enganar (vt)	csal	[ʧɒl]

entender (vt)	ért	[e:rt]
entrar (na sala, etc.)	bemegy	[bɛmɛɟ]
enviar (uma carta)	felad	[fɛlɒd]
errar (enganar-se)	hibázik	[hiba:zik]
escolher (vt)	választ	[va:lɒst]

esconder (vt)	rejt	[rɛjt]
escrever (vt)	ír	[i:r]
esperar (aguardar)	vár	[va:r]
esperar (ter esperança)	remél	[rɛme:l]
esquecer (vt)	elfelejt	[ɛlfɛlɛjt]

estudar (vt)	tanul	[tɒnul]
exigir (vt)	követel	[køvɛtɛl]
existir (vi)	létezik	[le:tɛzik]
explicar (vt)	magyaráz	[mɒɟɒra:z]

falar (vi)	beszélget	[bɛse:lgɛt]
faltar (a la escuela, etc.)	elmulaszt	[ɛlmulɒst]
fazer (vt)	csinál	[ʧina:l]
ficar em silêncio	hallgat	[hɒllgɒt]
gabar-se (vr)	dicsekedik	[diʧɛkɛdik]

gostar (apreciar)	tetszik	[tɛtsik]
gritar (vi)	kiabál	[kiɒba:l]
guardar (fotos, etc.)	megőriz	[mɛgø:riz]
informar (vt)	tájékoztat	[ta:je:koztɒt]
insistir (vi)	ragaszkodik	[rɒgɒskodik]

insultar (vt)	megsért	[mɛgʃe:rt]
interessar-se (vr)	érdeklődik	[e:rdɛklø:dik]
ir (a pé)	megy	[mɛɟ]
ir nadar	úszni megy	[u:sni mɛɟ]
jantar (vi)	vacsorázik	[vɒʧora:zik]

10. Os verbos mais importantes. Parte 3

ler (vt)	olvas	[olvɒʃ]
libertar, liberar (vt)	felszabadít	[fɛlsɒbɒdi:t]
matar (vt)	megöl	[mɛgøl]
mencionar (vt)	megemlít	[mɛgɛmli:t]
mostrar (vt)	mutat	[mutɒt]

mudar (modificar)	változtat	[va:ltoztɒt]
nadar (vi)	úszik	[u:sik]
negar-se a … (vr)	lemond	[lɛmond]
objetar (vt)	ellentmond	[ɛllɛntmond]

observar (vt)	figyel	[fiɟɛl]
ordenar (mil.)	parancsol	[pɒrɒnʧol]

ouvir (vt)	hall	[hɒll]
pagar (vt)	fizet	[fizɛt]
parar (vi)	megáll	[mɛga:ll]

parar, cessar (vt)	abbahagy	[ɒbbɒhɒɟ]
participar (vi)	részt vesz	[re:st vɛs]
pedir (comida, etc.)	rendel	[rɛndɛl]
pedir (um favor, etc.)	kér	[ke:r]
pegar (tomar)	vesz	[vɛs]

pegar (uma bola)	fog	[fog]
pensar (vi, vt)	gondol	[gondol]
perceber (ver)	észrevesz	[e:srɛvɛs]
perdoar (vt)	bocsát	[botʃa:t]
perguntar (vt)	kérdez	[ke:rdɛz]

permitir (vt)	enged	[ɛŋgɛd]
pertencer a … (vi)	tartozik	[tɒrtozik]
planejar (vt)	tervez	[tɛrvɛz]
poder (~ fazer algo)	tud	[tud]
possuir (uma casa, etc.)	rendelkezik	[rɛndɛlkɛzik]

preferir (vt)	többre becsül	[tøbbrɛ bɛtʃyl]
preparar (vt)	készít	[ke:si:t]
prever (vt)	előre lát	[ɛlø:rɛ la:t]
prometer (vt)	ígér	[i:ge:r]
pronunciar (vt)	kiejt	[kiɛjt]

propor (vt)	javasol	[jɒvɒʃol]
punir (castigar)	büntet	[byntɛt]
quebrar (vt)	tör	[tør]
queixar-se de …	panaszkodik	[pɒnɒskodik]
querer (desejar)	akar	[ɒkɒr]

11. Os verbos mais importantes. Parte 4

ralhar, repreender (vt)	szid	[sid]
recomendar (vt)	ajánl	[ɒja:nl]
repetir (dizer outra vez)	ismétel	[iʃme:tɛl]
reservar (~ um quarto)	rezervál	[rɛzɛrva:l]
responder (vt)	válaszol	[va:lɒsol]

rezar, orar (vi)	imádkozik	[ima:dkozik]
rir (vi)	nevet	[nɛvɛt]
roubar (vt)	lop	[lop]
saber (vt)	tud	[tud]
sair (~ de casa)	kimegy	[kimɛɟ]

salvar (resgatar)	megment	[mɛgmɛnt]
seguir (~ alguém)	követ	[køvɛt]
sentar-se (vr)	leül	[lɛyl]
ser necessário	szükség van	[sykʃe:g vɒn]
ser, estar	van	[vɒn]
significar (vt)	jelent	[jɛlɛnt]

sorrir (vi)	mosolyog	[moʃojog]
subestimar (vt)	aláértékel	[ɒlaːeːrteːkɛl]
surpreender-se (vr)	csodálkozik	[ʧodaːlkozik]

tentar (~ fazer)	próbál	[proːbaːl]
ter (vt)	van	[vɒn]
ter fome	éhes van	[eːhɛʃ vɒn]

ter medo	fél	[feːl]
ter sede	szomjas van	[somjɒʃ vɒn]
tocar (com as mãos)	érint	[eːrint]
tomar café da manhã	reggelizik	[rɛggɛlizik]
trabalhar (vi)	dolgozik	[dolgozik]
traduzir (vt)	fordít	[fordiːt]

unir (vt)	egyesít	[ɛɟɛʃiːt]
vender (vt)	elad	[ɛlɒd]
ver (vt)	lát	[laːt]
virar (~ para a direita)	fordul	[fordul]
voar (vi)	repül	[rɛpyl]

12. Cores

cor (f)	szín	[siːn]
tom (m)	árnyalat	[aːrɲɒlɒt]
tonalidade (m)	tónus	[toːnuʃ]
arco-íris (m)	szivárvány	[sivaːrvaːɲ]

branco (adj)	fehér	[fɛheːr]
preto (adj)	fekete	[fɛkɛtɛ]
cinza (adj)	szürke	[syrkɛ]

verde (adj)	zöld	[zøld]
amarelo (adj)	sárga	[ʃaːrgɒ]
vermelho (adj)	piros	[piroʃ]

azul (adj)	kék	[keːk]
azul claro (adj)	világoskék	[vilaːgoʃkeːk]
rosa (adj)	rózsaszínű	[roːʒɒsiːnyː]
laranja (adj)	narancssárga	[nɒrɒnʧ ʃaːrgɒ]
violeta (adj)	lila	[lilɒ]
marrom (adj)	barna	[bɒrnɒ]

dourado (adj)	arany	[ɒrɒɲ]
prateado (adj)	ezüstös	[ɛzyʃtøʃ]

bege (adj)	bézs	[beːʒ]
creme (adj)	krémszínű	[kreːmsiːnyː]
turquesa (adj)	türkizkék	[tyrkiskeːk]
vermelho cereja (adj)	meggyszínű	[mɛɟ siːnyː]
lilás (adj)	lila	[lilɒ]
carmim (adj)	málnaszínű	[maːlnɒ siːnyː]
claro (adj)	világos	[vilaːgoʃ]
escuro (adj)	sötét	[ʃøteːt]

vivo (adj)	élénk	[e:le:ŋk]
de cor	színes	[si:nɛʃ]
a cores	színes	[si:nɛʃ]
preto e branco (adj)	feketefehér	[fɛkɛtɛfɛhe:r]
unicolor (de uma só cor)	egyszínű	[ɛcsi:ny:]
multicolor (adj)	sokszínű	[ʃoksi:ny:]

13. Questões

Quem?	Ki?	[ki]
O que?	Mi?	[mi]
Onde?	Hol?	[hol]
Para onde?	Hová?	[hova:]
De onde?	Honnan?	[honnɒn]
Quando?	Mikor?	[mikor]
Para quê?	Minek?	[minɛk]
Por quê?	Miért?	[mie:rt]

Para quê?	Miért?	[mie:rt]
Como?	Hogy? Hogyan?	[hoɟ], [hoɟɒn]
Qual (~ é o problema?)	Milyen?	[mijɛn]
Qual (~ deles?)	Melyik?	[mɛjik]

A quem?	Kinek?	[kinɛk]
De quem?	Kiről?	[kirø:l]
Do quê?	Miről?	[mirø:l]
Com quem?	Kivel?	[kivɛl]

Quantos? -as?	Hány?	[ha:ɲ]
Quanto?	Mennyi?	[mɛnɲi]
De quem? (masc.)	Kié?	[kie:]

14. Palavras funcionais. Advérbios. Parte 1

Onde?	Hol?	[hol]
aqui	itt	[itt]
lá, ali	ott	[ott]

em algum lugar	valahol	[vɒlɒhol]
em lugar nenhum	sehol	[ʃɛhol]

perto de ...	mellett, nál, -nél	[mɛllɛtt], [na:l, -ne:l]
perto da janela	az ablaknál	[ɒz ɒblɒkna:l]

Para onde?	Hová?	[hova:]
aqui	ide	[idɛ]
para lá	oda	[odɒ]
daqui	innen	[innɛn]
de lá, dali	onnan	[onnɒn]

perto	közel	[køzɛl]
longe	messze	[mɛssɛ]

21

perto de ...	mellett	[mɛllɛtt]
à mão, perto	a közelben	[ɒ køzɛlbɛn]
não fica longe	nem messze	[nɛm mɛssɛ]

esquerdo (adj)	bal	[bɒl]
à esquerda	balra	[bɒlrɒ]
para a esquerda	balra	[bɒlrɒ]

direito (adj)	jobb	[jobb]
à direita	jobbra	[jobbrɒ]
para a direita	jobbra	[jobbrɒ]

em frente	elöl	[ɛløl]
da frente	elülső	[ɛlylʃø:]
adiante (para a frente)	előre	[ɛlø:rɛ]

atrás de ...	hátul	[ha:tul]
de trás	hátulról	[ha:tulro:l]
para trás	hátra	[ha:trɒ]

| meio (m), metade (f) | közép | [køze:p] |
| no meio | középen | [køze:pɛn] |

do lado	oldalról	[oldɒlro:l]
em todo lugar	mindenütt	[mindɛnytt]
por todos os lados	körül	[køryl]

de dentro	belülről	[bɛlylrø:l]
para algum lugar	valahova	[vɒlɒhovɒ]
diretamente	egyenesen	[ɛɟɛnɛʃɛn]
de volta	visszafelé	[vissɒfɛle:]

| de algum lugar | valahonnan | [vɒlɒhonnɒn] |
| de algum lugar | valahonnan | [vɒlɒhonnɒn] |

em primeiro lugar	először	[ɛlø:sør]
em segundo lugar	másodszor	[ma:ʃodsor]
em terceiro lugar	harmadszor	[hɒrmɒdsor]

de repente	hirtelen	[hirtɛlɛn]
no início	eleinte	[ɛlɛintɛ]
pela primeira vez	először	[ɛlø:sør]
muito antes de ...	jóval ... előtt	[jo:vɒl ... ɛlø:tt]
de novo	újra	[u:jrɒ]
para sempre	mindörökre	[mindørøkrɛ]

nunca	soha	[ʃohɒ]
de novo	ismét	[iʃme:t]
agora	most	[moʃt]
frequentemente	gyakran	[ɟokrɒn]
então	akkor	[ɒkkor]
urgentemente	sürgősen	[ʃyrgø:ʃɛn]
normalmente	általában	[a:ltɒlɒbɒn]

| a propósito, ... | apropó | [ɒpropo:] |
| é possível | lehetséges | [lɛhɛtʃe:gɛʃ] |

provavelmente	valószínűleg	[vɒloːsiːnyːlɛg]
talvez	talán	[tɒlaːn]
além disso, ...	azon kívül ...	[ɒzon kiːvyl]
por isso ...	ezért	[ɛzeːrt]
apesar de ...	nek ellenére	[nɛk ɛllɛneːrɛ]
graças a ...	... köszenhetően	[køsɛnhɛtøːɛn]

que (pron.)	mi	[mi]
que (conj.)	ami	[ɒmi]
algo	valami	[vɒlɒmi]
alguma coisa	valami	[vɒlɒmi]
nada	semmi	[ʃɛmmi]

quem	ki	[ki]
alguém (~ que ...)	valaki	[vɒlɒki]
alguém (com ~)	valaki	[vɒlɒki]

ninguém	senki	[ʃɛŋki]
para lugar nenhum	sehol	[ʃɛhol]
de ninguém	senkié	[ʃɛŋkieː]
de alguém	valakié	[vɒlɒkieː]

tão	így	[iːɟ]
também (gostaria ~ de ...)	is	[iʃ]
também (~ eu)	is	[iʃ]

15. Palavras funcionais. Advérbios. Parte 2

Por quê?	Miért?	[mieːrt]
por alguma razão	valamiért	[vɒlɒmieːrt]
porque ...	azért, mert ...	[ɒzeːrt], [mɛrt]
por qualquer razão	valamiért	[vɒlɒmieːrt]

e (tu ~ eu)	és	[eːʃ]
ou (ser ~ não ser)	vagy	[vɒɟ]
mas (porém)	de	[dɛ]
para (~ a minha mãe)	... céljából	[tseːjaːboːl]

muito, demais	túl	[tuːl]
só, somente	csak	[tʃɒk]
exatamente	pontosan	[pontoʃɒn]
cerca de (~ 10 kg)	körülbelül	[kørylbɛlyl]

aproximadamente	körülbelül	[kørylbɛlyl]
aproximado (adj)	megközelítő	[mɛgkøzɛliːtøː]
quase	majdnem	[mɒjdnɛm]
resto (m)	a többi	[ɒ tøbbi]

cada (adj)	minden	[mindɛn]
qualquer (adj)	bármilyen	[baːrmijɛn]
muito, muitos, muitas	sok	[ʃok]
muitas pessoas	sokan	[ʃokɒn]
todos	mindenki	[mindɛŋki]
em troca de ...	ért cserébe	[eːrt tʃɛreːbɛ]

em troca	viszonzásul	[visonzaːʃul]
à mão	kézzel	[keːzzɛl]
pouco provável	aligha	[ɒlighɒ]

provavelmente	valószínűleg	[vɒloːsiːnyːlɛg]
de propósito	szándékosan	[saːndeːkoʃɒn]
por acidente	véletlenül	[veːlɛtlɛnyl]

muito	nagyon	[nɒɟøn]
por exemplo	például	[peːldaːul]
entre	között	[køzøtt]
entre (no meio de)	körében	[køreːbɛn]
tanto	annyi	[ɒɲɲi]
especialmente	különösen	[kylønøʃɛn]

Conceitos básicos. Parte 2

16. Opostos

rico (adj)	gazdag	[gɒzdɒg]
pobre (adj)	szegény	[sɛgeːɲ]
doente (adj)	beteg	[bɛtɛg]
bem (adj)	egészséges	[ɛgeːʃɛgɛʃ]
grande (adj)	nagy	[nɒɟ]
pequeno (adj)	kicsi	[kiʧi]
rapidamente	gyorsan	[ɟørʃɒn]
lentamente	lassan	[lɒʃɒn]
rápido (adj)	gyors	[ɟørʃ]
lento (adj)	lassú	[lɒʃuː]
alegre (adj)	vidám	[vidaːm]
triste (adj)	szomorú	[somoruː]
juntos (ir ~)	együtt	[ɛɟytt]
separadamente	külön	[kyløn]
em voz alta (ler ~)	hangosan	[hɒŋgoʃɒn]
para si (em silêncio)	magában	[mɒgaːbɒn]
alto (adj)	magas	[mɒgɒʃ]
baixo (adj)	alacsony	[ɒlɒʧoɲ]
profundo (adj)	mély	[meːj]
raso (adj)	sekély	[ʃɛkeːj]
sim	igen	[igɛn]
não	nem	[nɛm]
distante (adj)	távoli	[taːvoli]
próximo (adj)	közeli	[køzɛli]
longe	messze	[mɛssɛ]
à mão, perto	közel	[køzɛl]
longo (adj)	hosszú	[hossuː]
curto (adj)	rövid	[røvid]
bom (bondoso)	kedves	[kɛdvɛʃ]
mal (adj)	gonosz	[gonos]
casado (adj)	nős	[nøːʃ]

solteiro (adj)	nőtlen	[nø:tlɛn]

proibir (vt)	tilt	[tilt]
permitir (vt)	enged	[ɛŋgɛd]

fim (m)	vég	[ve:g]
início (m)	kezdet	[kɛzdɛt]

esquerdo (adj)	bal	[bɒl]
direito (adj)	jobb	[jobb]

primeiro (adj)	első	[ɛlʃø:]
último (adj)	utolsó	[utolʃo:]

crime (m)	bűncselekmény	[by:ntʃɛlɛkme:ɲ]
castigo (m)	büntetés	[byntɛte:ʃ]

ordenar (vt)	parancsol	[pɒrɒntʃol]
obedecer (vt)	engedelmeskedik	[ɛŋgɛdɛlmɛʃkɛdik]

reto (adj)	egyenes	[ɛɟɛnɛʃ]
curvo (adj)	ferde	[fɛrdɛ]

paraíso (m)	paradicsom	[pɒrɒditʃom]
inferno (m)	pokol	[pokol]

nascer (vi)	születik	[sylɛtik]
morrer (vi)	meghal	[mɛghɒl]

forte (adj)	erős	[ɛrø:ʃ]
fraco, débil (adj)	gyenge	[ɟɛŋgɛ]

velho, idoso (adj)	öreg	[ørɛg]
jovem (adj)	fiatal	[fiɒtɒl]

velho (adj)	régi	[re:gi]
novo (adj)	új	[u:j]

duro (adj)	kemény	[kɛme:ɲ]
macio (adj)	puha	[puhɒ]

quente (adj)	meleg	[mɛlɛg]
frio (adj)	hideg	[hidɛg]

gordo (adj)	kövér	[køve:r]
magro (adj)	sovány	[ʃova:ɲ]

estreito (adj)	keskeny	[kɛʃkɛɲ]
largo (adj)	széles	[se:lɛʃ]

bom (adj)	jó	[jo:]
mau (adj)	rossz	[ross]

valente, corajoso (adj)	bátor	[ba:tor]
covarde (adj)	gyáva	[ɟa:vɒ]

17. Dias da semana

segunda-feira (f)	hétfő	[he:tfø:]
terça-feira (f)	kedd	[kɛdd]
quarta-feira (f)	szerda	[sɛrdɒ]
quinta-feira (f)	csütörtök	[ʧytørtøk]
sexta-feira (f)	péntek	[pe:ntɛk]
sábado (m)	szombat	[sombɒt]
domingo (m)	vasárnap	[vɒʃa:rnɒp]

hoje	ma	[mɒ]
amanhã	holnap	[holnɒp]
depois de amanhã	holnaputän	[holnɒputa:n]
ontem	tegnap	[tɛgnɒp]
anteontem	tegnapelőtt	[tɛgnɒpɛlø:tt]

dia (m)	nap	[nɒp]
dia (m) de trabalho	munkanap	[muŋkɒnɒp]
feriado (m)	ünnepnap	[ynnɛpnɒp]
dia (m) de folga	szabadnap	[sɒbɒdnɒp]
fim (m) de semana	hétvég	[he:tve:g]

o dia todo	egész nap	[ɛge:s nɒp]
no dia seguinte	másnap	[ma:ʃnɒp]
há dois dias	két nappal ezelőtt	[ke:t nɒppɒl ɛzɛlø:tt]
na véspera	az előző nap	[ɒz ɛlø:zø: nɒp]
diário (adj)	napi	[nɒpi]
todos os dias	naponta	[nɒpontɒ]

semana (f)	hét	[he:t]
na semana passada	a múlt héten	[ɒ mu:lt he:tɛn]
semana que vem	a következő héten	[ɒ køvɛtkɛzø: he:tɛn]
semanal (adj)	heti	[hɛti]
toda semana	hetente	[hɛtɛntɛ]
duas vezes por semana	kétszer hetente	[ke:tsɛr hɛtɛntɛ]
toda terça-feira	minden kedd	[mindɛn kɛdd]

18. Horas. Dia e noite

manhã (f)	reggel	[rɛggɛl]
de manhã	reggel	[rɛggɛl]
meio-dia (m)	délidő	[de:lidø:]
à tarde	délután	[de:luta:n]

tardinha (f)	este	[ɛʃtɛ]
à tardinha	este	[ɛʃtɛ]
noite (f)	éjszak	[e:jsɒk]
à noite	éjjel	[e:jjɛl]
meia-noite (f)	éjfél	[e:jfe:l]

segundo (m)	másodperc	[ma:ʃodpɛrts]
minuto (m)	perc	[pɛrts]
hora (f)	óra	[o:rɒ]

meia hora (f)	félóra	[fe:lo:rɒ]
quarto (m) de hora	negyedóra	[nɛ̞do:rɒ]
quinze minutos	tizenöt perc	[tizɛnøt pɛrts]
vinte e quatro horas	teljes nap	[tɛjɛʃ nɒp]

nascer (m) do sol	napkelte	[nɒpkɛltɛ]
amanhecer (m)	virradat	[virrɒdɒt]
madrugada (f)	kora reggel	[korɒ rɛggɛl]
pôr-do-sol (m)	naplemente	[nɒplɛmɛntɛ]

de madrugada	kora reggel	[korɒ rɛggɛl]
esta manhã	ma reggel	[mɒ rɛggɛl]
amanhã de manhã	holnap reggel	[holnɒp rɛggɛl]

esta tarde	ma nappal	[mɒ nɒppɒl]
à tarde	délután	[de:luta:n]
amanhã à tarde	holnap délután	[holnɒp de:luta:n]

| esta noite, hoje à noite | ma este | [mɒ ɛʃtɛ] |
| amanhã à noite | holnap este | [holnɒp ɛʃtɛ] |

às três horas em ponto	pont három órakor	[pont ha:rom o:rɒkor]
por volta das quatro	körülbelül négy órakor	[kørylbɛlyl ne:ɟ o:rɒkor]
às doze	tizenkét órára	[tizɛŋke:t o:ra:rɒ]

em vinte minutos	húsz perc múlva	[hu:s pɛrts mu:lvɒ]
em uma hora	egy óra múlva	[ɛɟ o:rɒ mu:lvɒ]
a tempo	időben	[idø:bɛn]

... um quarto para	háromnegyed	[ha:romnɛ̞ɛd]
dentro de uma hora	egy óra folyamán	[ɛɟ: o:rɒ fojɒma:n]
a cada quinze minutos	minden tizenöt perc	[mindɛn tizɛnøt pɛrts]
as vinte e quatro horas	éjjel nappal	[e:jjɛl nɒppɒl]

19. Meses. Estações

janeiro (m)	január	[jɒnua:r]
fevereiro (m)	február	[fɛbrua:r]
março (m)	március	[ma:rtsiuʃ]
abril (m)	április	[a:priliʃ]
maio (m)	május	[ma:juʃ]
junho (m)	június	[ju:niuʃ]

julho (m)	július	[ju:liuʃ]
agosto (m)	augusztus	[ɒugustuʃ]
setembro (m)	szeptember	[sɛptɛmbɛr]
outubro (m)	október	[okto:bɛr]
novembro (m)	november	[novɛmbɛr]
dezembro (m)	december	[dɛtsɛmbɛr]

primavera (f)	tavasz	[tɒvɒs]
na primavera	tavasszal	[tɒvɒssɒl]
primaveril (adj)	tavaszi	[tɒvɒsi]
verão (m)	nyár	[ɲa:r]

| no verão | nyáron | [ɲaːron] |
| de verão | nyári | [ɲaːri] |

outono (m)	ősz	[øːs]
no outono	ősszel	[øːssɛl]
outonal (adj)	őszi	[øːsi]

inverno (m)	tél	[teːl]
no inverno	télen	[teːlɛn]
de inverno	téli	[teːli]
mês (m)	hónap	[hoːnɒp]
este mês	ebben a hónapban	[ɛbbɛn ɒ hoːnɒpbɒn]
mês que vem	a következő hónapban	[ɒ køvɛtkɛzøː hoːnɒpbɒn]
no mês passado	a múlt hónapban	[ɒ muːlt hoːnɒpbɒn]

um mês atrás	egy hónappal ezelőtt	[ɛɟ hoːnɒppɒl ɛzɛløːtt]
em um mês	egy hónap múlva	[ɛɟ hoːnɒp muːlvɒ]
em dois meses	két hónap múlva	[keːt hoːnɒp muːlvɒ]
todo o mês	az egész hónap	[ɒz ɛgeːs hoːnɒp]
um mês inteiro	az egész hónap	[ɒz ɛgeːs hoːnɒp]

mensal (adj)	havi	[hɒvi]
mensalmente	havonta	[hɒvontɒ]
todo mês	minden hónap	[mindɛn hoːnɒp]
duas vezes por mês	kétszer havonta	[keːtsɛr hɒvontɒ]

ano (m)	év	[eːv]
este ano	ebben az évben	[ɛbbɛn ɒz eːvbɛn]
ano que vem	a következő évben	[ɒ køvɛtkɛzøː eːvbɛn]
no ano passado	a múlt évben	[ɒ muːlt eːvbɛn]
há um ano	egy évvel ezelőtt	[ɛɟ eːvvɛl ɛzɛløːtt]
em um ano	egy év múlva	[ɛɟ eːv muːlvɒ]
dentro de dois anos	két év múlva	[keːt eːv muːlvɒ]
todo o ano	az egész év	[ɒz ɛgeːs eːv]
um ano inteiro	az egész év	[ɒz ɛgeːs eːv]

cada ano	minden év	[mindɛn eːv]
anual (adj)	évi	[eːvi]
anualmente	évente	[eːvɛntɛ]
quatro vezes por ano	négyszer évente	[neːɟsɛr eːvɛntɛ]

data (~ de hoje)	nap	[nɒp]
data (ex. ~ de nascimento)	dátum	[daːtum]
calendário (m)	naptár	[nɒptaːr]

meio ano	fél év	[feːl eːv]
seis meses	félév	[feːleːv]
estação (f)	évszak	[eːvsɒk]
século (m)	század	[saːzɒd]

20. Tempo. Diversos

| tempo (m) | idő | [idøː] |
| momento (m) | pillanat | [pillɒnɒt] |

instante (m)	pillanat	[pillɒnɒt]
instantâneo (adj)	pillanatnyi	[pillɒnɒtni]
lapso (m) de tempo	szakasz	[sɒkɒs]
vida (f)	élet	[e:lɛt]
eternidade (f)	örökkévalóság	[ørøkke:vɒlo:ʃa:g]

época (f)	korszak	[korsɒk]
era (f)	korszak	[korsɒk]
ciclo (m)	ciklus	[tsikluʃ]
período (m)	időköz	[idø:køz]
prazo (m)	határidő	[hɒta:ridø:]

futuro (m)	jövő	[jøvø:]
futuro (adj)	jövő	[jøvø:]
da próxima vez	máskor	[ma:ʃkor]
passado (m)	múlt	[mu:lt]
passado (adj)	elmúlt	[ɛlmu:lt]
na última vez	legutóbb	[lɛguto:bb]
mais tarde	később	[ke:ʃø:bb]
depois de ...	után	[uta:n]
atualmente	mostanában	[moʃtɒna:bɒn]
agora	most	[moʃt]
imediatamente	azonnal	[ɒzonnɒl]
em breve	hamarosan	[hɒmɒroʃɒn]
de antemão	előre	[ɛlø:rɛ]

há muito tempo	régen	[re:gɛn]
recentemente	nemrég	[nɛmre:g]
destino (m)	sors	[ʃorʃ]
recordações (f pl)	emlék	[ɛmle:k]
arquivo (m)	irattár	[irɒtta:r]
durante ...	... közben	[køzbɛn]
durante muito tempo	sokáig	[ʃoka:ig]
pouco tempo	röviden	[røvidɛn]
cedo (levantar-se ~)	korán	[kora:n]
tarde (deitar-se ~)	későn	[ke:ʃø:n]

para sempre	örökre	[ørøkrɛ]
começar (vt)	kezd	[kɛzd]
adiar (vt)	elhalaszt	[ɛlhɒlɒst]

ao mesmo tempo	egyszerre	[ɛcsɛrrɛ]
permanentemente	állandóan	[a:llɒndo:ɒn]
constante (~ ruído, etc.)	állandó	[a:llɒndo:]
temporário (adj)	ideiglenes	[idɛiglɛnɛʃ]

às vezes	néha	[ne:hɒ]
raras vezes, raramente	ritkán	[ritka:n]
frequentemente	gyakran	[jokrɒn]

21. Linhas e formas

| quadrado (m) | négyzet | [ne:ɟzɛt] |
| quadrado (adj) | négyszögletes | [ne:ɟsøglɛtɛʃ] |

círculo (m)	kör	[kør]
redondo (adj)	kerek	[kɛrɛk]
triângulo (m)	háromszög	[ha:romsøg]
triangular (adj)	háromszögű	[ha:romsøgy:]

oval (f)	tojásidom	[toja:ʃidom]
oval (adj)	ovális	[ova:liʃ]
retângulo (m)	téglalap	[te:glɒlɒp]
retangular (adj)	derékszögű	[dɛre:ksøgy:]

pirâmide (f)	gúla	[gu:lɒ]
losango (m)	rombusz	[rombus]
trapézio (m)	trapéz	[trɒpe:z]
cubo (m)	kocka	[kotskɒ]
prisma (m)	prizma	[prizmɒ]

circunferência (f)	körvonal	[kørvonɒl]
esfera (f)	gömb	[gømb]
globo (m)	gömb	[gømb]
diâmetro (m)	átmérő	[a:tme:rø:]
raio (m)	sugár	[ʃuga:r]
perímetro (m)	kerület	[kɛrylɛt]
centro (m)	középpont	[køze:ppont]

horizontal (adj)	vízszintes	[vi:zsintɛʃ]
vertical (adj)	függőleges	[fyggø:lɛgɛʃ]
paralela (f)	párhuzamos egyenes	[pa:rhuzɒmoʃ ɛɟɛnɛʃ]
paralelo (adj)	párhuzamos	[pa:rhuzɒmoʃ]

linha (f)	vonal	[vonɒl]
traço (m)	vonal	[vonɒl]
reta (f)	egyenes	[ɛɟɛnɛʃ]
curva (f)	görbe	[gørbɛ]
fino (linha ~a)	vékony	[ve:koɲ]
contorno (m)	körvonal	[kørvonɒl]

interseção (f)	metszés	[mɛtse:ʃ]
ângulo (m) reto	derékszög	[dɛre:ksøg]
segmento (m)	körszelet	[kørsɛlɛt]
setor (m)	szektor	[sɛktor]
lado (de um triângulo, etc.)	oldal	[oldɒl]
ângulo (m)	szög	[søg]

22. Unidades de medida

peso (m)	súly	[ʃu:j]
comprimento (m)	hosszúság	[hossu:ʃa:g]
largura (f)	szélesség	[se:lɛʃe:g]
altura (f)	magasság	[mɒgɒʃa:g]
profundidade (f)	mélység	[me:jʃe:g]
volume (m)	térfogat	[te:rfogɒt]
área (f)	terület	[tɛrylɛt]
grama (m)	gramm	[grɒmm]
miligrama (m)	milligramm	[milligrɒmm]

quilograma (m)	kilógramm	[kilo:grɒmm]
tonelada (f)	tonna	[tonnɒ]
libra (453,6 gramas)	font	[font]
onça (f)	uncia	[untsiɒ]

metro (m)	méter	[me:tɛr]
milímetro (m)	milliméter	[millime:tɛr]
centímetro (m)	centiméter	[tsɛntime:tɛr]
quilômetro (m)	kilométer	[kilome:tɛr]
milha (f)	mérföld	[me:rføld]

polegada (f)	hüvelyk	[hyvɛjk]
pé (304,74 mm)	láb	[la:b]
jarda (914,383 mm)	yard	[jard]

| metro (m) quadrado | négyzetméter | [ne:ɟzɛtme:tɛr] |
| hectare (m) | hektár | [hɛkta:r] |

litro (m)	liter	[litɛr]
grau (m)	fok	[fok]
volt (m)	volt	[volt]
ampère (m)	amper	[ɒmpɛr]
cavalo (m) de potência	lóerő	[lo:ɛrø:]

quantidade (f)	mennyiség	[mɛɲɲiʃe:g]
um pouco de ...	egy kicsit ...	[ɛɟ: kitʃit]
metade (f)	fél	[fe:l]
dúzia (f)	tucat	[tutsɒt]
peça (f)	darab	[dɒrɒb]

| tamanho (m), dimensão (f) | méret | [me:rɛt] |
| escala (f) | lépték | [le:pte:k] |

mínimo (adj)	minimális	[minima:liʃ]
menor, mais pequeno	legkisebb	[lɛgkiʃɛbb]
médio (adj)	közép	[køze:p]
máximo (adj)	maximális	[mɒksima:liʃ]
maior, mais grande	legnagyobb	[lɛgnɒɟøbb]

23. Recipientes

pote (m) de vidro	befőttes üveg	[bɛfø:tɛs yvɛg]
lata (~ de cerveja)	bádogdoboz	[ba:dogdoboz]
balde (m)	vödör	[vødør]
barril (m)	hordó	[hordo:]

bacia (~ de plástico)	tál	[ta:l]
tanque (m)	tartály	[tɒrta:j]
cantil (m) de bolso	kulacs	[kulɒtʃ]
galão (m) de gasolina	kanna	[kɒnnɒ]
cisterna (f)	ciszterna	[tsistɛrnɒ]

| caneca (f) | bögre | [bøgrɛ] |
| xícara (f) | csésze | [tʃe:sɛ] |

pires (m)	csészealj	[ʧeːsɛɒj]
copo (m)	pohár	[pohaːr]
taça (f) de vinho	borospohár	[boroʃpohaːr]
panela (f)	lábas	[laːbɒʃ]

| garrafa (f) | üveg | [yvɛg] |
| gargalo (m) | nyak | [ɲɒk] |

jarra (f)	butélia	[buteːliɒ]
jarro (m)	korsó	[korʃoː]
recipiente (m)	edény	[ɛdeːɲ]
pote (m)	köcsög	[køʧøg]
vaso (m)	váza	[vaːzɒ]

frasco (~ de perfume)	kölnisüveg	[kølniʃyvɛg]
frasquinho (m)	üvegcse	[yvɛgʧɛ]
tubo (m)	tubus	[tubuʃ]

saco (ex. ~ de açúcar)	zsák	[ʒaːk]
sacola (~ plastica)	zacskó	[zɒʧkoː]
maço (de cigarros, etc.)	csomag	[ʧomɒg]

caixa (~ de sapatos, etc.)	doboz	[doboz]
caixote (~ de madeira)	láda	[laːdɒ]
cesto (m)	kosár	[koʃaːr]

24. Materiais

material (m)	anyag	[ɒɲɒg]
madeira (f)	fa	[fɒ]
de madeira	fa, fából való	[fɒ], [faːboːl vɒloː]

| vidro (m) | üveg | [yvɛg] |
| de vidro | üveges | [yvɛgɛʃ] |

| pedra (f) | kő | [køː] |
| de pedra | köves | [køvɛʃ] |

| plástico (m) | műanyag | [myːɒɲɒg] |
| plástico (adj) | műanyagos | [myːɒɲɒgoʃ] |

| borracha (f) | gumi | [gumi] |
| de borracha | gumi | [gumi] |

| tecido, pano (m) | szövet | [søvɛt] |
| de tecido | szövetből készült | [søvɛtbøːl keːsyːlt] |

| papel (m) | papír | [pɒpiːr] |
| de papel | papír | [pɒpiːr] |

papelão (m)	karton	[kɒrton]
de papelão	karton	[kɒrton]
polietileno (m)	polietilén	[poliɛtileːn]
celofane (m)	celofán	[tsɛlofaːn]

madeira (f) compensada	furnérlap	[furne:rlɒp]
porcelana (f)	porcelán	[portsɛla:n]
de porcelana	porcelán	[portsɛla:n]
argila (f), barro (m)	agyag	[ɒɟog]
de barro	agyag	[ɒɟog]
cerâmica (f)	kerámia	[kɛra:miɒ]
de cerâmica	kerámiai	[kɛra:miɒi]

25. Metais

metal (m)	fém	[fe:m]
metálico (adj)	fémes	[fe:mɛʃ]
liga (f)	ötvözet	[øtvøzɛt]
ouro (m)	arany	[ɒrɒɲ]
de ouro	arany	[ɒrɒɲ]
prata (f)	ezüst	[ɛzyʃt]
de prata	ezüst, ezüstös	[ɛzyʃt], [ɛzyʃtøʃ]
ferro (m)	vas	[vɒʃ]
de ferro	vas	[vɒʃ]
aço (m)	acél	[ɒtse:l]
de aço (adj)	acél	[ɒtse:l]
cobre (m)	réz	[re:z]
de cobre	réz	[re:z]
alumínio (m)	alumínium	[ɒlumi:nium]
de alumínio	alumínium	[ɒlumi:nium]
bronze (m)	bronz	[bronz]
de bronze	bronz	[bronz-]
latão (m)	sárgaréz	[ʃa:rgɒre:z]
níquel (m)	nikkel	[nikkɛl]
platina (f)	platina	[plɒtinɒ]
mercúrio (m)	higany	[higɒɲ]
estanho (m)	ón	[o:n]
chumbo (m)	ólom	[o:lom]
zinco (m)	horgany	[horgɒɲ]

O SER HUMANO

O ser humano. O corpo

26. Humanos. Conceitos básicos

ser (m) humano	ember	[ɛmbɛr]
homem (m)	férfi	[fe:rfi]
mulher (f)	nő	[nø:]
criança (f)	gyerek	[ɟɛrɛk]
menina (f)	lány	[la:ɲ]
menino (m)	fiú	[fiu:]
adolescente (m)	kamasz	[kɒmɒs]
velho (m)	öregember	[ørɛgɛmbɛr]
velha (f)	öregasszony	[ørɛgɒssoɲ]

27. Anatomia humana

organismo (m)	szervezet	[sɛrvɛzɛt]
coração (m)	szív	[si:v]
sangue (m)	vér	[ve:r]
artéria (f)	ütőér	[ytø:e:r]
veia (f)	véna	[ve:nɒ]
cérebro (m)	agy	[ɒɟ]
nervo (m)	ideg	[idɛg]
nervos (m pl)	idegek	[idɛgɛk]
vértebra (f)	csigolya	[ʧigojɒ]
coluna (f) vertebral	gerinc	[gɛrints]
estômago (m)	gyomor	[ɟømor]
intestinos (m pl)	bélcsatorna	[be:lʧɒtornɒ]
intestino (m)	bél	[be:l]
fígado (m)	máj	[ma:j]
rim (m)	vese	[vɛʃɛ]
osso (m)	csont	[ʧont]
esqueleto (m)	csontváz	[ʧontva:z]
costela (f)	borda	[bordɒ]
crânio (m)	koponya	[kopoɲɒ]
músculo (m)	izom	[izom]
bíceps (m)	bicepsz	[bitsɛps]
tendão (m)	ín	[i:n]
articulação (f)	ízület	[i:zylɛt]

35

pulmões (m pl)	tüdő	[tydø:]
órgãos (m pl) genitais	nemi szervek	[nɛmi sɛrvɛk]
pele (f)	bőr	[bø:r]

28. Cabeça

cabeça (f)	fej	[fɛj]
rosto, cara (f)	arc	[ɒrts]
nariz (m)	orr	[orr]
boca (f)	száj	[sa:j]

olho (m)	szem	[sɛm]
olhos (m pl)	szem	[sɛm]
pupila (f)	pupilla	[pupillɒ]
sobrancelha (f)	szemöldök	[sɛmøldøk]
cílio (f)	szempilla	[sɛmpillɒ]
pálpebra (f)	szemhéj	[sɛmhe:j]

língua (f)	nyelv	[ɲɛlv]
dente (m)	fog	[fog]
lábios (m pl)	ajak	[ɒjɒk]
maçãs (f pl) do rosto	pofacsont	[pofɒʧont]
gengiva (f)	íny	[i:ɲ]
palato (m)	szájpadlás	[sa:jpɒdla:ʃ]

narinas (f pl)	orrlyuk	[orrjuk]
queixo (m)	áll	[a:ll]
mandíbula (f)	állkapocs	[a:llkɒpoʧ]
bochecha (f)	orca	[ortsɒ]

testa (f)	homlok	[homlok]
têmpora (f)	halánték	[hɒla:nte:k]
orelha (f)	fül	[fyl]
costas (f pl) da cabeça	tarkó	[tɒrko:]
pescoço (m)	nyak	[ɲɒk]
garganta (f)	torok	[torok]

cabelo (m)	haj	[hɒj]
penteado (m)	frizura	[frizurɒ]
corte (m) de cabelo	hajvágás	[hɒjva:ga:ʃ]
peruca (f)	paróka	[pɒro:kɒ]

bigode (m)	bajusz	[bɒjus]
barba (f)	szakáll	[sɒka:ll]
ter (~ barba, etc.)	visel	[viʃɛl]
trança (f)	copf	[tsopf]
suíças (f pl)	pofaszakáll	[pofɒsɒka:ll]

ruivo (adj)	vörös hajú	[vørøʃ hɒju:]
grisalho (adj)	ősz hajú	[ø:s hɒju:]
careca (adj)	kopasz	[kopɒs]
calva (f)	kopaszság	[kopɒʃa:g]
rabo-de-cavalo (m)	lófarok	[lo:fɒrok]
franja (f)	sörény	[ʃøre:ɲ]

29. Corpo humano

mão (f)	kéz, kézfej	[ke:z], [ke:sfɛj]
braço (m)	kar	[kɒr]
dedo (m)	ujj	[ujj]
polegar (m)	hüvelykujj	[hyvɛjkujj]
dedo (m) mindinho	kisujj	[kiʃujj]
unha (f)	köröm	[kørøm]
punho (m)	ököl	[økøl]
palma (f)	tenyér	[tɛne:r]
pulso (m)	csukló	[ʧuklo:]
antebraço (m)	alkar	[ɒlkɒr]
cotovelo (m)	könyök	[køɲøk]
ombro (m)	váll	[va:ll]
perna (f)	láb	[la:b]
pé (m)	talp	[tɒlp]
joelho (m)	térd	[te:rd]
panturrilha (f)	lábikra	[la:bikrɒ]
quadril (m)	csípő	[ʧi:pø:]
calcanhar (m)	sarok	[ʃɒrok]
corpo (m)	test	[tɛʃt]
barriga (f), ventre (m)	has	[hɒʃ]
peito (m)	mell	[mɛll]
seio (m)	mell	[mɛll]
lado (m)	oldal	[oldɒl]
costas (dorso)	hát	[ha:t]
região (f) lombar	derék	[dɛre:k]
cintura (f)	derék	[dɛre:k]
umbigo (m)	köldök	[køldøk]
nádegas (f pl)	far	[fɒr]
traseiro (m)	fenék	[fɛne:k]
sinal (m), pinta (f)	anyajegy	[ɒɲɒjɛɟ]
tatuagem (f)	tetoválás	[tɛtova:la:ʃ]
cicatriz (f)	forradás	[forrɒda:ʃ]

Vestuário & Acessórios

30. Roupa exterior. Casacos

roupa (f)	ruha	[ruhɒ]
roupa (f) exterior	felsőruha	[fɛlʃøːruhɒ]
roupa (f) de inverno	téli ruha	[teːli ruhɒ]
sobretudo (m)	kabát	[kɒbaːt]
casaco (m) de pele	bunda	[bundɒ]
jaqueta (f) de pele	bekecs	[bɛkɛʧ]
casaco (m) acolchoado	pehelykabát	[pɛhɛj kɒbaːt]
casaco (m), jaqueta (f)	zeke	[zɛkɛ]
impermeável (m)	ballonkabát	[bɒllɒŋkɒbaːt]
a prova d'água	vízhatlan	[viːzhɒtlɒn]

31. Vestuário de homem & mulher

camisa (f)	ing	[iŋg]
calça (f)	nadrág	[nɒdraːg]
jeans (m)	farmernadrág	[fɒrmɛrnɒdraːg]
paletó, terno (m)	zakó	[zɒkoː]
terno (m)	kosztüm	[kostym]
vestido (ex. ~ de noiva)	ruha	[ruhɒ]
saia (f)	szoknya	[sokɲɒ]
blusa (f)	blúz	[bluːz]
casaco (m) de malha	kardigán	[kordigaːn]
casaco, blazer (m)	blézer	[bleːzɛr]
camiseta (f)	trikó	[trikoː]
short (m)	rövidnadrág	[røvidnɒdraːg]
training (m)	sportruha	[ʃportruhɒ]
roupão (m) de banho	köntös	[køntøʃ]
pijama (m)	pizsama	[piʒɒmɒ]
suéter (m)	pulóver	[puloːvɛr]
pulôver (m)	pulóver	[puloːvɛr]
colete (m)	mellény	[mɛlleːɲ]
fraque (m)	frakk	[frɒkk]
smoking (m)	szmoking	[smokiŋg]
uniforme (m)	egyenruha	[ɛɟɛnruhɒ]
roupa (f) de trabalho	munkaruha	[muŋkɒruhɒ]
macacão (m)	kezeslábas	[kɛzɛʃlaːbɒʃ]
jaleco (m), bata (f)	köpeny	[køpɛɲ]

32. Vestuário. Roupa interior

roupa (f) íntima	fehérnemű	[fɛhe:rnɛmy:]
camiseta (f)	alsóing	[ɒlʃo:iŋg]
meias (f pl)	zokni	[zokni]
camisola (f)	hálóing	[ha:lo:iŋg]
sutiã (m)	melltartó	[mɛlltɒrto:]
meias longas (f pl)	térdzokni	[te:rdzokni]
meias-calças (f pl)	harisnya	[hɒriʃnɒ]
meias (~ de nylon)	harisnya	[hɒriʃnɒ]
maiô (m)	fürdőruha	[fyrdø:ruhɒ]

33. Adereços de cabeça

chapéu (m), touca (f)	sapka	[ʃɒpkɒ]
chapéu (m) de feltro	kalap	[kɒlɒp]
boné (m) de beisebol	baseball sapka	[bɛjsbɒll ʃɒpkɒ]
boina (~ italiana)	sport sapka	[ʃport ʃɒpkɒ]
boina (ex. ~ basca)	svájci sapka	[ʃva:jtsi ʃɒpkɒ]
capuz (m)	csuklya	[tʃukjɒ]
chapéu panamá (m)	panamakalap	[pɒnɒmɒ kɒlɒp]
touca (f)	kötött sapka	[køtøtt ʃɒpkɒ]
lenço (m)	kendő	[kɛndø:]
chapéu (m) feminino	női kalap	[nø:i kɒlɒp]
capacete (m) de proteção	sisak	[ʃiʃɒk]
bibico (m)	pilótasapka	[pilo:tɒ ʃɒpkɒ]
capacete (m)	sisak	[ʃiʃɒk]
chapéu-coco (m)	keménykalap	[kɛme:ɲkɒlɒp]

34. Calçado

calçado (m)	cipő	[tsipø:]
botinas (f pl), sapatos (m pl)	bakancs	[bɒkɒntʃ]
sapatos (de salto alto, etc.)	félcipő	[fe:ltsipø:]
botas (f pl)	csizma	[tʃizmɒ]
pantufas (f pl)	papucs	[pɒputʃ]
tênis (~ Nike, etc.)	edzőcipő	[ɛdzø:tsipø:]
tênis (~ Converse)	tornacipő	[tornɒtsipø:]
sandálias (f pl)	szandál	[sɒnda:l]
sapateiro (m)	cipész	[tsipe:s]
salto (m)	sarok	[ʃɒrok]
par (m)	pár	[pa:r]
cadarço (m)	cipőfűző	[tsipø:fy:zø:]
amarrar os cadarços	befűz	[bɛfy:z]

| calçadeira (f) | cipőkanál | [tsipø:kɒnaːl] |
| graxa (f) para calçado | cipőkrém | [tsipø:kreːm] |

35. Têxtil. Tecidos

algodão (m)	pamut	[pɒmut]
de algodão	pamut	[pɒmut]
linho (m)	len	[lɛn]
de linho	len	[lɛn]

seda (f)	selyem	[ʃɛjɛm]
de seda	selyem	[ʃɛjɛm]
lã (f)	gyapjú	[ɟopjuː]
de lã	gyapjú	[ɟopjuː]

veludo (m)	bársony	[baːrʃoɲ]
camurça (f)	szarvasbőr	[sɒrvɒʃbøːr]
veludo (m) cotelê	kordbársony	[kordbaːrʃoɲ]

nylon (m)	nejlon	[nɛjlon]
de nylon	nejlon	[nɛjlon]
poliéster (m)	poliészter	[poliːɛstɛr]
de poliéster	poliészter	[poliːɛstɛr]

couro (m)	bőr	[bøːr]
de couro	bőr	[bøːr]
pele (f)	szőrme	[søːrmɛ]
de pele	szőrme	[søːrmɛ]

36. Acessórios pessoais

luva (f)	kesztyű	[kɛscyː]
mitenes (f pl)	egyujjas kesztyű	[ɛɟujjoʃ kɛscyː]
cachecol (m)	sál	[ʃaːl]

óculos (m pl)	szemüveg	[sɛmyvɛg]
armação (f)	keret	[kɛrɛt]
guarda-chuva (m)	esernyő	[ɛʃɛrɲøː]
bengala (f)	sétabot	[ʃeːtobot]
escova (f) para o cabelo	hajkefe	[hɒjkɛfɛ]
leque (m)	legyező	[lɛɟɛzøː]

gravata (f)	nyakkendő	[ɲɒkkɛndøː]
gravata-borboleta (f)	csokornyakkendő	[tʃokorɲɒkkɛndøː]
suspensórios (m pl)	nadrágtartó	[nɒdraːgtɒrtoː]
lenço (m)	zsebkendő	[ʒɛbkɛndøː]

pente (m)	fésű	[feːʃyː]
fivela (f) para cabelo	hajcsat	[hɒjtʃɒt]
grampo (m)	hajtű	[hɒjtyː]
fivela (f)	csat	[tʃɒt]
cinto (m)	öv	[øv]

alça (f) de ombro	táskaszíj	[taːʃkɒsiːj]
bolsa (f)	táska	[taːʃkɒ]
bolsa (feminina)	kézitáska	[keːzitaːʃkɒ]
mochila (f)	hátizsák	[haːtiʒaːk]

37. Vestuário. Diversos

moda (f)	divat	[divɒt]
na moda (adj)	divatos	[divɒtoʃ]
estilista (m)	divattervező	[divɒt tɛrvɛzøː]

colarinho (m)	gallér	[gɒlleːr]
bolso (m)	zseb	[ʒɛb]
de bolso	zseb	[ʒɛb]
manga (f)	ruhaujj	[ruhɒujj]
ganchinho (m)	akasztó	[ɒkɒstoː]
bragueta (f)	slicc	[ʃlits]

zíper (m)	cipzár	[tsipzaːr]
colchete (m)	kapocs	[kɒpotʃ]
botão (m)	gomb	[gomb]
botoeira (casa de botão)	gomblyuk	[gombjuk]
soltar-se (vr)	elszakad	[ɛlsɒkɒd]

costurar (vi)	varr	[vɒrr]
bordar (vt)	hímez	[hiːmɛz]
bordado (m)	hímzés	[hiːmzeːʃ]
agulha (f)	tű	[tyː]
fio, linha (f)	cérna	[tseːrnɒ]
costura (f)	varrás	[vɒrraːʃ]

sujar-se (vr)	bepiszkolódik	[bɛpiskoloːdik]
mancha (f)	folt	[folt]
amarrotar-se (vr)	gyűrődik	[ɟyːrøːdik]
rasgar (vt)	megszakad	[mɛgsɒkɒd]
traça (f)	molylepke	[mojlɛpkɛ]

38. Cuidados pessoais. Cosméticos

pasta (f) de dente	fogkrém	[fogkreːm]
escova (f) de dente	fogkefe	[fokkɛfɛ]
escovar os dentes	fogat mos	[fogɒt moʃ]

gilete (f)	borotva	[borotvɒ]
creme (m) de barbear	borotvakrém	[borotvɒkreːm]
barbear-se (vr)	borotválkozik	[borotvaːlkozik]

| sabonete (m) | szappan | [sɒppɒn] |
| xampu (m) | sampon | [ʃɒmpon] |

| tesoura (f) | olló | [olloː] |
| lixa (f) de unhas | körömreszelő | [køørømrɛsɛløː] |

| corta-unhas (m) | körömvágó | [kørømva:go:] |
| pinça (f) | csipesz | [ʧipɛs] |

cosméticos (m pl)	kozmetika	[kozmɛtikɒ]
máscara (f)	maszk	[mɒsk]
manicure (f)	manikűr	[mɒniky:r]
fazer as unhas	manikűrözik	[mɒniky:røzik]
pedicure (f)	pedikűr	[pɛdiky:r]

bolsa (f) de maquiagem	piperetáska	[pipɛrɛta:ʃkɒ]
pó (de arroz)	púder	[pu:dɛr]
pó (m) compacto	púderdoboz	[pu:dɛrdoboz]
blush (m)	arcpirosító	[ɒrtspiroʃi:to:]

perfume (m)	illatszer	[illɒtsɛr]
água-de-colônia (f)	parfüm	[pɒrfym]
loção (f)	arcápoló	[ɒrtsa:polo:]
colônia (f)	kölnivíz	[kølnivi:z]

sombra (f) de olhos	szemhéjfesték	[sɛmhe:jfɛʃte:k]
delineador (m)	szemceruza	[sɛmtsɛruzɒ]
máscara (f), rímel (m)	szempillafesték	[sɛmpillɒfɛʃte:k]

batom (m)	rúzs	[ru:ʒ]
esmalte (m)	körömlakk	[kørømlɒkk]
laquê (m), spray fixador (m)	hajrögzítő	[hɒjrøgzi:tø:]
desodorante (m)	dezodor	[dɛzodor]

creme (m)	krém	[kre:m]
creme (m) de rosto	arckrém	[ɒrtskre:m]
creme (m) de mãos	kézkrém	[ke:skre:m]
creme (m) antirrugas	ránc elleni krém	[ra:nts ɛllɛni kre:m]
de dia	nappali	[nɒppɒli]
da noite	éjjeli	[e:jjɛli]

absorvente (m) interno	tampon	[tɒmpon]
papel (m) higiênico	vécépapír	[ve:tse:pɒpi:r]
secador (m) de cabelo	hajszárító	[hɒjsa:ri:to:]

39. Joalheria

joias (f pl)	ékszerek	[e:ksɛrɛk]
precioso (adj)	drágakő	[dra:gakø:]
marca (f) de contraste	fémjelzés	[fe:mjɛlze:ʃ]

anel (m)	gyűrű	[ɟy:ry:]
aliança (f)	jegygyűrű	[jɛɟy:ry:]
pulseira (f)	karkötő	[kɒrkøtø:]

brincos (m pl)	fülbevaló	[fylbɛvɒlo:]
colar (m)	nyaklánc	[ɲɒkla:nts]
coroa (f)	korona	[koronɒ]
colar (m) de contas	gyöngydíszítés	[ɟøɲɟdi:si:te:ʃ]
diamante (m)	briliáns	[brilia:nʃ]

esmeralda (f)	smaragd	[ʃmɒrɒgd]
rubi (m)	rubin	[rubin]
safira (f)	zafír	[zɒfir]
pérola (f)	gyöngy	[ɟøɲɟ]
âmbar (m)	borostyán	[boroʃca:n]

40. Relógios de pulso. Relógios

relógio (m) de pulso	karóra	[kɒro:rɒ]
mostrador (m)	számlap	[sa:mlɒp]
ponteiro (m)	mutató	[mutɒto:]
bracelete (em aço)	karkötő	[kɒrkøtø:]
bracelete (em couro)	óraszíj	[o:rɒsi:j]

pilha (f)	elem	[ɛlɛm]
acabar (vi)	lemerül	[lɛmɛryl]
trocar a pilha	kicseréli az elemet	[kitʃɛre:li ɒz ɛlɛmɛt]
estar adiantado	siet	[ʃiɛt]
estar atrasado	késik	[ke:ʃik]

relógio (m) de parede	fali óra	[fɒli o:rɒ]
ampulheta (f)	homokóra	[homoko:rɒ]
relógio (m) de sol	napóra	[nɒpo:rɒ]
despertador (m)	ébresztőóra	[e:brɛstø:o:rɒ]
relojoeiro (m)	órás	[o:ra:ʃ]
reparar (vt)	javít	[jɒvi:t]

Alimentação. Nutrição

41. Comida

carne (f)	hús	[hu:ʃ]
galinha (f)	csirke	[ʧirkɛ]
frango (m)	csirke	[ʧirkɛ]
pato (m)	kacsa	[koʧɒ]
ganso (m)	liba	[libɒ]
caça (f)	vadhús	[vɒdhu:ʃ]
peru (m)	pulyka	[pujkɒ]

carne (f) de porco	sertés	[ʃɛrte:ʃ]
carne (f) de vitela	borjúhús	[borju:hu:ʃ]
carne (f) de carneiro	birkahús	[birkɒhu:ʃ]
carne (f) de vaca	marhahús	[mɒrhɒhu:ʃ]
carne (f) de coelho	nyúl	[ɲu:l]

linguiça (f), salsichão (m)	kolbász	[kolba:s]
salsicha (f)	virsli	[virʃli]
bacon (m)	húsos szalonna	[hu:ʃoʃ sɒlonnɒ]
presunto (m)	sonka	[ʃoŋkɒ]
pernil (m) de porco	sonka	[ʃoŋkɒ]

patê (m)	pástétom	[pa:ʃte:tom]
fígado (m)	máj	[ma:j]
guisado (m)	darált hús	[dɒra:lt hu:ʃ]
língua (f)	nyelv	[ɲɛlv]

ovo (m)	tojás	[toja:ʃ]
ovos (m pl)	tojások	[toja:ʃok]
clara (f) de ovo	tojásfehérje	[toja:ʃfɛhe:rjɛ]
gema (f) de ovo	tojássárgája	[toja:ʃa:rga:jɒ]

peixe (m)	hal	[hɒl]
mariscos (m pl)	tenger gyümölcsei	[tɛŋgɛr ɟymølʧɛi]
caviar (m)	halikra	[hɒlikrɒ]

caranguejo (m)	tarisznyarák	[tɒrisɲɒra:k]
camarão (m)	garnélarák	[gɒrne:lɒra:k]
ostra (f)	osztriga	[ostrigɒ]
lagosta (f)	languszta	[lɒŋgustɒ]
polvo (m)	nyolckarú polip	[ɲoltskɒru: polip]
lula (f)	kalmár	[kɒlma:r]

esturjão (m)	tokhal	[tokhɒl]
salmão (m)	lazac	[lɒzɒts]
halibute (m)	óriás laposhal	[o:ria:ʃ lɒpoʃhɒl]
bacalhau (m)	tőkehal	[tø:kɛhɒl]
cavala, sarda (f)	makréla	[mɒkre:lɒ]

| atum (m) | tonhal | [tonhɒl] |
| enguia (f) | angolna | [ɒŋgolnɒ] |

truta (f)	pisztráng	[pistra:ŋg]
sardinha (f)	szardínia	[sɒrdi:niɒ]
lúcio (m)	csuka	[ʧukɒ]
arenque (m)	hering	[hɛriŋg]

pão (m)	kenyér	[kɛne:r]
queijo (m)	sajt	[ʃɒjt]
açúcar (m)	cukor	[tsukor]
sal (m)	só	[ʃo:]

arroz (m)	rizs	[riʒ]
massas (f pl)	makaróni	[mɒkɒro:ni]
talharim, miojo (m)	metélttészta	[mɛte:ltte:stɒ]

manteiga (f)	vaj	[vɒj]
óleo (m) vegetal	olaj	[olɒj]
óleo (m) de girassol	napraforgóolaj	[nɒprɒforgo:olɒj]
margarina (f)	margarin	[mɒrgɒrin]

| azeitonas (f pl) | olajbogyó | [olɒjboɟø:] |
| azeite (m) | olívaolaj | [oli:vɒ olɒj] |

leite (m)	tej	[tɛj]
leite (m) condensado	sűrített tej	[ʃy:ri:tɛtt tɛj]
iogurte (m)	joghurt	[jogurt]
creme (m) azedo	tejföl	[tɛjføl]
creme (m) de leite	tejszín	[tɛjsi:n]

| maionese (f) | majonéz | [mɒjone:z] |
| creme (m) | krém | [kre:m] |

grãos (m pl) de cereais	dara	[dɒrɒ]
farinha (f)	liszt	[list]
enlatados (m pl)	konzerv	[konzɛrv]

flocos (m pl) de milho	kukoricapehely	[kukoritsɒpɛhɛj]
mel (m)	méz	[me:z]
geleia (m)	dzsem	[dʒɛm]
chiclete (m)	rágógumi	[ra:go:gumi]

42. Bebidas

água (f)	víz	[vi:z]
água (f) potável	ivóvíz	[ivo:vi:z]
água (f) mineral	ásványvíz	[a:ʃvaɲvi:z]

sem gás (adj)	szóda nélkül	[so:dɒ ne:lkyl]
gaseificada (adj)	szóda	[so:dɒ]
com gás	szóda	[so:dɒ]
gelo (m)	jég	[je:g]
com gelo	jeges	[jɛgɛʃ]

não alcoólico (adj)	alkoholmentes	[ɒlkoholmɛntɛʃ]
refrigerante (m)	alkoholmentes ital	[ɒlkoholmɛntɛʃ itɒl]
refresco (m)	üdítő	[y:di:tø:]
limonada (f)	limonádé	[limona:de:]

bebidas (f pl) alcoólicas	szeszesitalok	[sɛsɛʃ itɒlok]
vinho (m)	bor	[bor]
vinho (m) branco	fehérbor	[fɛhe:rbor]
vinho (m) tinto	vörösbor	[vørøʃbor]

licor (m)	likőr	[likø:r]
champanhe (m)	pezsgő	[pɛʒgø:]
vermute (m)	vermut	[vɛrmut]

uísque (m)	whisky	[viski]
vodca (f)	vodka	[vodkɒ]
gim (m)	gin	[dʒin]
conhaque (m)	konyak	[koɲɒk]
rum (m)	rum	[rum]

café (m)	kávé	[ka:ve:]
café (m) preto	feketekávé	[fɛkɛtɛ ka:ve:]
café (m) com leite	tejeskávé	[tɛjɛʃka:ve:]
cappuccino (m)	tejszínes kávé	[tɛjsi:nɛʃ ka:ve:]
café (m) solúvel	neszkávé	[nɛska:ve:]

leite (m)	tej	[tɛj]
coquetel (m)	koktél	[kokte:l]
batida (f), milkshake (m)	tejkoktél	[tɛjkokte:l]

suco (m)	lé	[le:]
suco (m) de tomate	paradicsomlé	[pɒrɒditʃomle:]
suco (m) de laranja	narancslé	[nɒrɒntʃle:]
suco (m) fresco	frissen kifacsart lé	[friʃɛn kifɒtʃɒrt le:]

cerveja (f)	sör	[ʃør]
cerveja (f) clara	világos sör	[vila:goʃ ʃør]
cerveja (f) preta	barna sör	[bɒrnɒ ʃør]

chá (m)	tea	[tɛɒ]
chá (m) preto	feketetea	[fɛkɛtɛ tɛɒ]
chá (m) verde	zöldtea	[zølt tɛɒ]

43. Vegetais

| vegetais (m pl) | zöldségek | [zøldʃe:gɛk] |
| verdura (f) | zöldség | [zøldʃe:g] |

tomate (m)	paradicsom	[pɒrɒditʃom]
pepino (m)	uborka	[uborkɒ]
cenoura (f)	sárgarépa	[ʃa:rgɒre:pɒ]
batata (f)	krumpli	[krumpli]
cebola (f)	hagyma	[hɒɟmɒ]
alho (m)	fokhagyma	[fokhɒɟmɒ]

couve (f)	káposzta	[ka:postɒ]
couve-flor (f)	karfiol	[kɒrfiol]
couve-de-bruxelas (f)	kelbimbó	[kɛlbimbo:]
brócolis (m pl)	brokkoli	[brokkoli]

beterraba (f)	cékla	[tse:klɒ]
berinjela (f)	padlizsán	[pɒdliʒa:n]
abobrinha (f)	cukkini	[tsukkini]
abóbora (f)	tök	[tøk]
nabo (m)	répa	[re:pɒ]

salsa (f)	petrezselyem	[pɛtrɛʒɛjɛm]
endro, aneto (m)	kapor	[kɒpor]
alface (f)	saláta	[ʃɒla:tɒ]
aipo (m)	zeller	[zɛllɛr]
aspargo (m)	spárga	[ʃpa:rgɒ]
espinafre (m)	spenót	[ʃpɛno:t]

ervilha (f)	borsó	[borʃo:]
feijão (~ soja, etc.)	bab	[bɒb]
milho (m)	kukorica	[kukoritsɒ]
feijão (m) roxo	bab	[bɒb]

pimentão (m)	paprika	[pɒprikɒ]
rabanete (m)	hónapos retek	[ho:nɒpoʃ rɛtɛk]
alcachofra (f)	articsóka	[ɒrtiʧo:kɒ]

44. Frutos. Nozes

fruta (f)	gyümölcs	[ɟymølʧ]
maçã (f)	alma	[ɒlmɒ]
pera (f)	körte	[kørtɛ]
limão (m)	citrom	[tsitrom]
laranja (f)	narancs	[nɒrɒnʧ]
morango (m)	eper	[ɛpɛr]

tangerina (f)	mandarin	[mɒndɒrin]
ameixa (f)	szilva	[silvɒ]
pêssego (m)	őszibarack	[ø:sibɒrɒtsk]
damasco (m)	sárgabarack	[ʃa:rgɒbɒrɒtsk]
framboesa (f)	málna	[ma:lnɒ]
abacaxi (m)	ananász	[ɒnɒna:s]

banana (f)	banán	[bɒna:n]
melancia (f)	görögdinnye	[gørøgdinɲɛ]
uva (f)	szőlő	[sø:lø:]
ginja (f)	meggy	[mɛdɟ]
cereja (f)	cseresznye	[ʧɛrɛsnɛ]
melão (m)	dinnye	[dinɲɛ]

toranja (f)	citrancs	[tsitrɒnʧ]
abacate (m)	avokádó	[ɒvoka:do:]
mamão (m)	papaya	[pɒpɒjɒ]
manga (f)	mangó	[mɒŋgo:]

romã (f)	gránátalma	[gra:na:tɒlmɒ]
groselha (f) vermelha	pirosribizli	[piroʃribizli]
groselha (f) negra	feketeribizli	[fɛkɛtɛ ribizli]
groselha (f) espinhosa	egres	[ɛgrɛʃ]
mirtilo (m)	fekete áfonya	[fɛkɛtɛ a:foɲɒ]
amora (f) silvestre	szeder	[sɛdɛr]

passa (f)	mazsola	[mɒʒolɒ]
figo (m)	füge	[fygɛ]
tâmara (f)	datolya	[dɒtojɒ]

amendoim (m)	földimogyoró	[føldimoɟøro:]
amêndoa (f)	mandula	[mɒndulɒ]
noz (f)	dió	[dio:]
avelã (f)	mogyoró	[moɟøro:]
coco (m)	kókuszdió	[ko:kusdio:]
pistaches (m pl)	pisztácia	[pista:tsiɒ]

45. Pão. Bolaria

pastelaria (f)	édesipari áruk	[e:dɛʃipɒri a:ruk]
pão (m)	kenyér	[kɛne:r]
biscoito (m), bolacha (f)	sütemény	[ʃytɛme:ɲ]

chocolate (m)	csokoládé	[ʧokola:de:]
de chocolate	csokoládé	[ʧokola:de:]
bala (f)	cukorka	[tsukorkɒ]
doce (bolo pequeno)	torta	[tortɒ]
bolo (m) de aniversário	torta	[tortɒ]

| torta (f) | töltött lepény | [tøltøtt lɛpe:ɲ] |
| recheio (m) | töltelék | [tøltɛle:k] |

geleia (m)	lekvár	[lɛkva:r]
marmelada (f)	gyümölcszselé	[ɟymølʧ ʒɛle:]
wafers (m pl)	ostya	[oʃtɒ]
sorvete (m)	fagylalt	[fɒɟlɒlt]

46. Pratos cozinhados

prato (m)	étel	[e:tɛl]
cozinha (~ portuguesa)	konyha	[koɲhɒ]
receita (f)	recept	[rɛtsɛpt]
porção (f)	adag	[ɒdɒg]

| salada (f) | saláta | [ʃɒla:tɒ] |
| sopa (f) | leves | [lɛvɛʃ] |

caldo (m)	erőleves	[ɛrø:lɛvɛʃ]
sanduíche (m)	szendvics	[sɛndviʧ]
ovos (m pl) fritos	tojásrántotta	[toja:ʃra:ntottɒ]
hambúrguer (m)	hamburger	[hɒmburgɛr]

bife (m)	bifsztek	[bifstɛk]
acompanhamento (m)	köret	[kørɛt]
espaguete (m)	spagetti	[ʃpɒgɛtti]
purê (m) de batata	burgonyapüré	[burgoɲɒpyre:]
pizza (f)	pizza	[pitsɒ]
mingau (m)	kása	[ka:ʃɒ]
omelete (f)	tojáslepény	[toja:ʃlɛpe:ɲ]

fervido (adj)	főtt	[fø:tt]
defumado (adj)	füstölt	[fyʃtølt]
frito (adj)	sült	[ʃylt]
seco (adj)	aszalt	[ɒsɒlt]
congelado (adj)	fagyasztott	[fɒɟostott]
em conserva (adj)	ecetben eltett	[ɛtsɛtbɛn ɛltɛtt]

doce (adj)	édes	[e:dɛʃ]
salgado (adj)	sós	[ʃo:ʃ]
frio (adj)	hideg	[hidɛg]
quente (adj)	meleg	[mɛlɛg]
amargo (adj)	keserű	[kɛʃɛry:]
gostoso (adj)	finom	[finom]

cozinhar em água fervente	főz	[fø:z]
preparar (vt)	készít	[ke:si:t]
fritar (vt)	süt	[ʃyt]
aquecer (vt)	melegít	[mɛlɛgi:t]

salgar (vt)	sóz	[ʃo:z]
apimentar (vt)	borsoz	[borʃoz]
ralar (vt)	reszel	[rɛsɛl]
casca (f)	héj	[he:j]
descascar (vt)	hámoz	[ha:moz]

47. Especiarias

sal (m)	só	[ʃo:]
salgado (adj)	sós	[ʃo:ʃ]
salgar (vt)	sóz	[ʃo:z]

pimenta-do-reino (f)	feketebors	[fɛkɛtɛ borʃ]
pimenta (f) vermelha	pirospaprika	[piroʃpɒprikɒ]
mostarda (f)	mustár	[muʃta:r]
raiz-forte (f)	torma	[tormɒ]

condimento (m)	fűszer	[fy:sɛr]
especiaria (f)	fűszer	[fy:sɛr]
molho (~ inglês)	szósz	[so:s]
vinagre (m)	ecet	[ɛtsɛt]

anis estrelado (m)	ánizs	[a:nis]
manjericão (m)	bazsalikom	[bɒʒɒlikom]
cravo (m)	szegfű	[sɛgfy:]
gengibre (m)	gyömbér	[ɟømbe:r]
coentro (m)	koriander	[koriɒndɛr]

canela (f)	fahéj	[fɒhe:j]
gergelim (m)	szezámmag	[sɛza:mmɒg]
folha (f) de louro	babérlevél	[bɒbe:rlɛve:l]
páprica (f)	paprika	[pɒprikɒ]
cominho (m)	kömény	[køme:ɲ]
açafrão (m)	sáfrány	[ʃa:fra:ɲ]

48. Refeições

| comida (f) | étel | [e:tɛl] |
| comer (vt) | eszik | [ɛsik] |

café (m) da manhã	reggeli	[rɛggɛli]
tomar café da manhã	reggelizik	[rɛggɛlizik]
almoço (m)	ebéd	[ɛbe:d]
almoçar (vi)	ebédel	[ɛbe:dɛl]
jantar (m)	vacsora	[vɒtʃorɒ]
jantar (vi)	vacsorázik	[vɒtʃora:zik]

| apetite (m) | étvágy | [e:tva:ɟ] |
| Bom apetite! | Jó étvágyat! | [jo: e:tva:ɟot] |

abrir (~ uma lata, etc.)	nyit	[ɲit]
derramar (~ líquido)	kiönt	[kiønt]
derramar-se (vr)	kiömlik	[kiømlik]
ferver (vi)	forr	[forr]
ferver (vt)	forral	[forrɒl]
fervido (adj)	forralt	[forrɒlt]
esfriar (vt)	lehűt	[lɛhy:t]
esfriar-se (vr)	lehűl	[lɛhy:l]

| sabor, gosto (m) | íz | [i:z] |
| fim (m) de boca | utóíz | [uto:i:z] |

emagrecer (vi)	lefogy	[lɛfoɟ]
dieta (f)	diéta	[die:tɒ]
vitamina (f)	vitamin	[vitɒmin]
caloria (f)	kalória	[kɒlo:riɒ]
vegetariano (m)	vegetáriánus	[vɛgɛta:ria:nuʃ]
vegetariano (adj)	vegetáriánus	[vɛgɛta:ria:nuʃ]

gorduras (f pl)	zsír	[ʒi:r]
proteínas (f pl)	fehérje	[fɛhe:rjɛ]
carboidratos (m pl)	szénhidrát	[se:nhidra:t]
fatia (~ de limão, etc.)	szelet	[sɛlɛt]
pedaço (~ de bolo)	szelet	[sɛlɛt]
migalha (f), farelo (m)	morzsa	[morʒɒ]

49. Por a mesa

| colher (f) | kanál | [kɒna:l] |
| faca (f) | kés | [ke:ʃ] |

garfo (m)	villa	[villɒ]
xícara (f)	csésze	[ʧeːsɛ]
prato (m)	tányér	[taːneːr]
pires (m)	csészealj	[ʧeːsɛɒj]
guardanapo (m)	szalvéta	[sɒlveːtɒ]
palito (m)	fogpiszkáló	[fokpiskaːloː]

50. Restaurante

restaurante (m)	étterem	[eːttɛrɛm]
cafeteria (f)	kávézó	[kaːveːzoː]
bar (m), cervejaria (f)	bár	[baːr]
salão (m) de chá	tea szalon	[tɛɒ sɒlon]

garçom (m)	pincér	[pintseːr]
garçonete (f)	pincérnő	[pintseːrnøː]
barman (m)	bármixer	[baːrmiksɛr]

cardápio (m)	étlap	[eːtlɒp]
lista (f) de vinhos	borlap	[borlɒp]
reservar uma mesa	asztalt foglal	[ɒstɒlt foglɒl]

prato (m)	étel	[eːtɛl]
pedir (vt)	rendel	[rɛndɛl]
fazer o pedido	rendel	[rɛndɛl]

aperitivo (m)	aperitif	[ɒpɛritif]
entrada (f)	előétel	[ɛløːeːtɛl]
sobremesa (f)	desszert	[dɛssɛrt]

conta (f)	számla	[saːmlɒ]
pagar a conta	számlát fizet	[saːmlaːt fizɛt]
dar o troco	visszajáró pénzt ad	[vissɒjaːroː peːnzt ɒd]
gorjeta (f)	borravaló	[borrɒvɒloː]

Família, parentes e amigos

51. Informação pessoal. Formulários

nome (m)	név	[ne:v]
sobrenome (m)	vezetéknév	[vɛzɛte:k ne:v]
data (f) de nascimento	születési dátum	[sylɛte:ʃi da:tum]
local (m) de nascimento	születési hely	[sylɛte:ʃi hɛj]
nacionalidade (f)	nemzetiség	[nɛmzɛtiʃe:g]
lugar (m) de residência	lakcím	[lɒktsi:m]
país (m)	ország	[orsa:g]
profissão (f)	foglalkozás	[foglɒlkoza:ʃ]
sexo (m)	nem	[nɛm]
estatura (f)	magasság	[mɒgɒʃa:g]
peso (m)	súly	[ʃu:j]

52. Membros da família. Parentes

mãe (f)	anya	[ɒɲɒ]
pai (m)	apa	[ɒpɒ]
filho (m)	fiú	[fiu:]
filha (f)	lány	[la:ɲ]
caçula (f)	fiatalabb lány	[fiɒtɒlɒbb la:ɲ]
caçula (m)	fiatalabb fiú	[fiɒtɒlɒbb fiu:]
filha (f) mais velha	idősebb lány	[idø:ʃɛbb la:ɲ]
filho (m) mais velho	idősebb fiú	[idø:ʃɛbb fiu:]
irmão (m) mais velho	báty	[ba:c]
irmão (m) mais novo	öcs	[øtʃ]
irmã (f) mais velha	nővér	[nø:ve:r]
irmã (f) mais nova	húg	[hu:g]
primo (m)	unokabáty	[unokɒ ba:c]
prima (f)	unokanővér	[unokɒ nø:ve:r]
mamãe (f)	anya	[ɒɲɒ]
papai (m)	apa	[ɒpɒ]
pais (pl)	szülők	[sylø:k]
criança (f)	gyerek	[ɟɛrɛk]
crianças (f pl)	gyerekek	[ɟɛrɛkɛk]
avó (f)	nagyanya	[nɒɟɒɲɒ]
avô (m)	nagyapa	[nɒɟɒpɒ]
neto (m)	unoka	[unokɒ]
neta (f)	unoka	[unokɒ]
netos (pl)	unokák	[unoka:k]

tio (m)	bácsi	[ba:tʃi]
tia (f)	néni	[ne:ni]
sobrinho (m)	unokaöcs	[unokɒøtʃ]
sobrinha (f)	unokahúg	[unokɒhu:g]

sogra (f)	anyós	[ɒɲø:ʃ]
sogro (m)	após	[ɒpo:ʃ]
genro (m)	vő	[vø:]
madrasta (f)	mostohaanya	[moʃtohɒɒɲɒ]
padrasto (m)	mostohaapa	[moʃtohɒɒpɒ]

criança (f) de colo	csecsemő	[tʃɛtʃɛmø:]
bebê (m)	csecsemő	[tʃɛtʃɛmø:]
menino (m)	kisgyermek	[kiɟɟɛrmɛk]

mulher (f)	feleség	[fɛlɛʃe:g]
marido (m)	férj	[fe:rj]
esposo (m)	házastárs	[ha:zɒʃta:rʃ]
esposa (f)	hitves	[hitvɛʃ]

casado (adj)	nős	[nø:ʃ]
casada (adj)	férjnél	[fe:rjne:l]
solteiro (adj)	nőtlen	[nø:tlɛn]
solteirão (m)	nőtlen ember	[nø:tlɛn ɛmbɛr]
divorciado (adj)	elvált	[ɛlva:lt]
viúva (f)	özvegy	[øzvɛɟ]
viúvo (m)	özvegy	[øzvɛɟ]

parente (m)	rokon	[rokon]
parente (m) próximo	közeli rokon	[køzɛli rokon]
parente (m) distante	távoli rokon	[ta:voli rokon]
parentes (m pl)	rokonok	[rokonok]

órfão (m), órfã (f)	árva	[a:rvɒ]
tutor (m)	gyám	[ɟa:m]
adotar (um filho)	örökbe fogad	[ørøkbɛ fogɒd]
adotar (uma filha)	örökbe fogad	[ørøkbɛ fogɒd]

53. Amigos. Colegas de trabalho

amigo (m)	barát	[bɒra:t]
amiga (f)	barátnő	[bɒra:tnø:]
amizade (f)	barátság	[bɒra:tʃa:g]
ser amigos	barátkozik	[bɒra:tkozik]

amigo (m)	barát	[bɒra:t]
amiga (f)	barátnő	[bɒra:tnø:]
parceiro (m)	partner	[pɒrtnɛr]

chefe (m)	főnök	[fø:nøk]
superior (m)	főnök	[fø:nøk]
subordinado (m)	alárendelt	[ɒla:rɛndɛlt]
colega (m, f)	kolléga	[kolle:gɒ]
conhecido (m)	ismerős	[iʃmɛrø:ʃ]

| companheiro (m) de viagem | útitárs | [uːtitaːrʃ] |
| colega (m) de classe | osztálytárs | [ostaːjtaːrʃ] |

vizinho (m)	szomszéd	[somseːd]
vizinha (f)	szomszéd	[somseːd]
vizinhos (pl)	szomszédok	[somseːdok]

54. Homem. Mulher

mulher (f)	nő	[nøː]
menina (f)	lány	[laːɲ]
noiva (f)	mennyasszony	[mɛɲɲɒssoɲ]

bonita, bela (adj)	szép	[seːp]
alta (adj)	magas	[mɒgɒʃ]
esbelta (adj)	karcsú	[kɒrt͡ʃuː]
baixa (adj)	alacsony	[ɒlɒt͡ʃoɲ]

| loira (f) | szőke nő | [søːkɛ nøː] |
| morena (f) | barna nő | [bɒrnɒ nøː] |

de senhora	női	[nøːi]
virgem (f)	szűz	[syːz]
grávida (adj)	terhes	[tɛrhɛʃ]

homem (m)	férfi	[feːrfi]
loiro (m)	szőke férfi	[søːkɛ feːrfi]
moreno (m)	barna férfi	[bɒrnɒ feːrfi]
alto (adj)	magas	[mɒgɒʃ]
baixo (adj)	alacsony	[ɒlɒt͡ʃoɲ]

rude (adj)	goromba	[gorombɒ]
atarracado (adj)	zömök	[zømøk]
robusto (adj)	erős	[ɛrøːʃ]
forte (adj)	erős	[ɛrøːʃ]
força (f)	erő	[ɛrøː]

gordo (adj)	kövér	[køveːr]
moreno (adj)	barna	[bɒrnɒ]
esbelto (adj)	jó alakú	[joː ɒlɒkuː]
elegante (adj)	elegáns	[ɛlɛgaːnʃ]

55. Idade

idade (f)	kor	[kor]
juventude (f)	ifjúság	[ifjuːʃaːg]
jovem (adj)	fiatal	[fiɒtɒl]

mais novo (adj)	fiatalabb	[fiɒtɒlɒbb]
mais velho (adj)	idősebb	[idøːʃɛbb]
jovem (m)	fiatalember	[fiɒtɒl ɛmbɛr]
adolescente (m)	kamasz	[kɒmɒs]

rapaz (m)	fickó	[fitsko:]
velho (m)	öregember	[øregembɛr]
velha (f)	öregasszony	[øregɒssoɲ]

adulto	felnőtt	[fɛlnø:tt]
de meia-idade	középkorú	[køze:pkoru:]
idoso, de idade (adj)	idős	[idø:ʃ]
velho (adj)	öreg	[ørɛg]

aposentadoria (f)	nyugdíj	[ɲugdi:j]
aposentar-se (vr)	nyugdíjba megy	[ɲugdi:jbɒ mɛɟ]
aposentado (m)	nyugdíjas	[ɲugdi:jɒʃ]

56. Crianças

criança (f)	gyerek	[ɟɛrɛk]
crianças (f pl)	gyerekek	[ɟɛrɛkɛk]
gêmeos (m pl), gêmeas (f pl)	ikrek	[ikrɛk]

berço (m)	bölcső	[bølʧø:]
chocalho (m)	csörgő	[ʧørgø:]
fralda (f)	pelenka	[pɛlɛŋkɒ]

chupeta (f), bico (m)	cucli	[tsutsli]
carrinho (m) de bebê	gyerekkocsi	[ɟɛrɛkkoʧi]
jardim (m) de infância	óvoda	[o:vodɒ]
babysitter, babá (f)	dajka	[dɒjkɒ]

infância (f)	gyermekkor	[ɟɛrmɛkkor]
boneca (f)	baba	[bɒbɒ]
brinquedo (m)	játék	[ja:te:k]
jogo (m) de montar	építő játék	[e:pi:tø: ja:te:k]
bem-educado (adj)	jól nevelt	[jol nɛvɛlt]
malcriado (adj)	neveletlen	[nɛvɛlɛtlɛn]
mimado (adj)	elkényeztetett	[ɛlke:nɛztɛtɛtt]

ser travesso	csintalankodik	[ʧintɒlɒŋkodik]
travesso, traquinas (adj)	csintalan	[ʧintɒlɒn]
travessura (f)	csintalanság	[ʧintɒlɒnʃa:g]
criança (f) travessa	kópé	[ko:pe:]

| obediente (adj) | engedelmes | [ɛŋgɛdɛlmɛʃ] |
| desobediente (adj) | engedetlen | [ɛŋgɛdɛtlɛn] |

dócil (adj)	okos	[okoʃ]
inteligente (adj)	okos	[okoʃ]
prodígio (m)	csodagyerek	[ʧodɒɟɛrɛk]

57. Casais. Vida de família

| beijar (vt) | csókol | [ʧo:kol] |
| beijar-se (vr) | csókolózik | [ʧo:kolo:zik] |

família (f)	család	[ʧɒla:d]
familiar (vida ~)	családos	[ʧɒla:doʃ]
casal (m)	pár	[pa:r]
matrimônio (m)	házasság	[ha:zɒʃa:g]
lar (m)	otthon	[otthon]
dinastia (f)	dinasztia	[dinɒstiɒ]

| encontro (m) | randevú | [rɒndɛvu:] |
| beijo (m) | csók | [ʧo:k] |

amor (m)	szerelem	[sɛrɛlɛm]
amar (pessoa)	szeret	[sɛrɛt]
amado, querido (adj)	szerető	[sɛrɛtø:]

ternura (f)	gyengédség	[ɉɛŋge:dʃe:g]
afetuoso (adj)	gyengéd	[ɉɛŋge:d]
fidelidade (f)	hűség	[hy:ʃe:g]
fiel (adj)	hűséges	[hy:ʃe:gɛʃ]
cuidado (m)	gondoskodás	[gondoʃkoda:ʃ]
carinhoso (adj)	gondos	[gondoʃ]

recém-casados (pl)	fiatal házasok	[fiɒtɒl ha:zɒʃok]
lua (f) de mel	mézeshetek	[me:zɛʃ hɛtɛk]
casar-se (com um homem)	férjhez megy	[fe:rjhɛz mɛɉ]
casar-se (com uma mulher)	feleségül vesz	[fɛlɛʃe:gyl vɛs]

casamento (m)	lakodalom	[lɒkodɒlom]
bodas (f pl) de ouro	aranylakodalom	[ɒrɒɲlɒkodɒlom]
aniversário (m)	évforduló	[e:vfordulo:]

| amante (m) | szerető | [sɛrɛtø:] |
| amante (f) | szerető | [sɛrɛtø:] |

adultério (m), traição (f)	megcsalás	[mɛgʧɒla:ʃ]
cometer adultério	megcsal	[mɛgʧɒl]
ciumento (adj)	féltékeny	[fe:lte:kɛɲ]
ser ciumento, -a	féltékenykedik	[fe:lte:kɛɲkɛdik]
divórcio (m)	válás	[va:la:ʃ]
divorciar-se (vr)	elválik	[ɛlva:lik]

brigar (discutir)	veszekedik	[vɛsɛkɛdik]
fazer as pazes	békül	[be:kyl]
juntos (ir ~)	együtt	[ɛɉytt]
sexo (m)	szex	[sɛks]

felicidade (f)	boldogság	[boldogʃa:g]
feliz (adj)	boldog	[boldog]
infelicidade (f)	boldogtalanság	[boldogtɒlɒnʃa:g]
infeliz (adj)	boldogtalan	[boldogtɒlɒn]

Caráter. Sentimentos. Emoções

58. Sentimentos. Emoções

sentimento (m)	érzelem	[e:rzɛlɛm]
sentimentos (m pl)	érzelmek	[e:rzɛlmɛk]
sentir (vt)	érez	[e:rɛz]
fome (f)	éhség	[e:hʃe:g]
ter fome	éhes van	[e:hɛʃ vɒn]
sede (f)	szomjúság	[somju:ʃa:g]
ter sede	szomjas van	[somjɒʃ vɒn]
sonolência (f)	álmosság	[a:lmoʃa:g]
estar sonolento	álmos van	[a:lmoʃ vɒn]
cansaço (m)	fáradtság	[fa:rɒtʧa:g]
cansado (adj)	fáradt	[fa:rɒtt]
ficar cansado	elfárad	[ɛlfa:rɒd]
humor (m)	kedv	[kɛdv]
tédio (m)	unalom	[unɒlom]
entediar-se (vr)	unatkozik	[unɒtkozik]
reclusão (isolamento)	magány	[mɒga:ɲ]
isolar-se (vr)	magányba vonul	[mɒga:ɲbɒ vonul]
preocupar (vt)	nyugtalanít	[ɲugtɒlɒni:t]
estar preocupado	nyugtalankodik	[ɲugtɒlɒŋkodik]
preocupação (f)	nyugtalanság	[ɲugtɒlɒnʃa:g]
ansiedade (f)	aggodalom	[ɒggodɒlom]
preocupado (adj)	nyugtalan	[ɲugtɒlɒn]
estar nervoso	izgul	[izgul]
entrar em pânico	pánikba esik	[pa:nikbɒ ɛʃik]
esperança (f)	remény	[rɛme:ɲ]
esperar (vt)	remél	[rɛme:l]
certeza (f)	biztosság	[biztoʃa:g]
certo, seguro de ...	biztos	[biztoʃ]
indecisão (f)	bizonytalanság	[bizoɲtɒlɒnʃa:g]
indeciso (adj)	bizonytalan	[bizoɲtɒlɒn]
bêbado (adj)	részeg	[re:sɛg]
sóbrio (adj)	józan	[jo:zɒn]
fraco (adj)	gyenge	[ɟɛŋgɛ]
feliz (adj)	boldog	[boldog]
assustar (vt)	megijeszt	[mɛgijɛst]
fúria (f)	dühöngés	[dyhøŋge:ʃ]
ira, raiva (f)	düh	[dy]
depressão (f)	depresszió	[dɛprɛssio:]
desconforto (m)	kényelmetlenségérzet	[ke:nɛlmɛtlɛnʃe:g e:rzɛt]

conforto (m)	kényelem	[ke:nɛlɛm]
arrepender-se (vr)	sajnál	[ʃɒjna:l]
arrependimento (m)	sajnálom	[ʃɒjna:lom]
azar (m), má sorte (f)	balszerencse	[bɒlsɛrɛntʃɛ]
tristeza (f)	keserűség	[kɛʃɛry:ʃe:g]

vergonha (f)	szégyen	[se:ɟɛn]
alegria (f)	vidámság	[vida:mʃa:g]
entusiasmo (m)	lelkesedés	[lɛlkɛʃɛde:ʃ]
entusiasta (m)	lelkesedő	[lɛlkɛʃɛdø:]
mostrar entusiasmo	lelkesedik	[lɛlkɛʃɛdik]

59. Caráter. Personalidade

caráter (m)	jellem	[jɛllɛm]
falha (f) de caráter	jellemhiba	[jɛllɛmhibɒ]
mente (f)	értelem	[e:rtɛlɛm]
razão (f)	ész	[e:s]

consciência (f)	lelkiismeret	[lɛlki:ʃmɛrɛt]
hábito, costume (m)	szokás	[soka:ʃ]
habilidade (f)	képesség	[ke:pɛʃe:g]
saber (~ nadar, etc.)	tud	[tud]

paciente (adj)	türelmes	[tyrɛlɛm]
impaciente (adj)	türelmetlen	[tyrɛlmɛtlɛn]
curioso (adj)	kíváncsi	[ki:va:ntʃi]
curiosidade (f)	kíváncsiság	[ki:vɒntʃiʃa:g]

modéstia (f)	szerénység	[sɛre:ɲʃe:g]
modesto (adj)	szerény	[sɛre:ɲ]
imodesto (adj)	szemérmetlen	[sɛme:rmɛtlɛn]

preguiçoso (adj)	lusta	[luʃtɒ]
preguiçoso (m)	lusta	[luʃtɒ]

astúcia (f)	ravaszság	[rɒvɒʃa:g]
astuto (adj)	ravasz	[rɒvɒs]
desconfiança (f)	bizalmatlanság	[bizɒlmɒtlɒnʃa:g]
desconfiado (adj)	bizalmatlan	[bizɒlmɒtlɒn]

generosidade (f)	bőkezűség	[bø:kɛzy:ʃe:g]
generoso (adj)	bőkezű	[bø:kɛzy:]
talentoso (adj)	tehetséges	[tɛhɛtʃe:gɛʃ]
talento (m)	tehetség	[tɛhɛtʃe:g]

corajoso (adj)	bátor	[ba:tor]
coragem (f)	bátorság	[ba:torʃa:g]
honesto (adj)	becsületes	[bɛtʃylɛtɛʃ]
honestidade (f)	becsületesség	[bɛtʃylɛtɛʃe:g]

prudente, cuidadoso (adj)	óvatos	[o:vɒtoʃ]
valoroso (adj)	bátor	[ba:tor]
sério (adj)	komoly	[komoj]

severo (adj)	szigorú	[sigoru:]
decidido (adj)	határozott	[hɒta:rozott]
indeciso (adj)	határozatlan	[hɒta:rozotlɒn]
tímido (adj)	félénk	[fe:le:ŋk]
timidez (f)	félénkség	[fe:le:ŋkʃe:g]

confiança (f)	bizalom	[bizɒlom]
confiar (vt)	bízik	[bi:zik]
crédulo (adj)	bizalomteljes	[bizɒlomtɛjɛʃ]

sinceramente	őszintén	[ø:sinte:n]
sincero (adj)	őszinte	[ø:sintɛ]
sinceridade (f)	őszinteség	[ø:sintɛʃe:g]
aberto (adj)	nyílt	[ɲi:lt]

calmo (adj)	csendes	[ʧɛndɛʃ]
franco (adj)	nyílt	[ɲi:lt]
ingênuo (adj)	naiv	[nɒiv]
distraído (adj)	szórakozott	[so:rɒkozott]
engraçado (adj)	nevetséges	[nɛvɛʧe:gɛʃ]

ganância (f)	kapzsiság	[kɒpʒiʃa:g]
ganancioso (adj)	kapzsi	[kɒpʒi]
avarento, sovina (adj)	zsugori	[ʒugori]
mal (adj)	gonosz	[gonos]
teimoso (adj)	makacs	[mɒkɒʧ]
desagradável (adj)	kellemetlen	[kɛllɛmɛtlɛn]

egoísta (m)	önző	[ønzø:]
egoísta (adj)	önző	[ønzø:]
covarde (m)	gyáva	[ɟa:vɒ]
covarde (adj)	gyáva	[ɟa:vɒ]

60. O sono. Sonhos

dormir (vi)	alszik	[ɒlsik]
sono (m)	alvás	[ɒlva:ʃ]
sonho (m)	álom	[a:lom]
sonhar (ver sonhos)	álmodik	[a:lmodik]
sonolento (adj)	álmos	[a:lmoʃ]

cama (f)	ágy	[a:ɟ]
colchão (m)	matrac	[mɒtrɒts]
cobertor (m)	takaró	[tɒkɒro:]
travesseiro (m)	párna	[pa:rnɒ]
lençol (m)	lepedő	[lɛpɛdø:]

insônia (f)	álmatlanság	[a:lmɒtlɒnʃa:g]
sem sono (adj)	álmatlan	[a:lmɒtlɒn]
sonífero (m)	altató	[ɒltɒto:]
tomar um sonífero	altatót bevesz	[ɒltɒto:t bɛvɛs]

estar sonolento	álmos van	[a:lmoʃ vɒn]
bocejar (vi)	ásít	[a:ʃi:t]

ir para a cama	ágyba megy	[aːjbɒ mɛɟ]
fazer a cama	megágyaz	[mɛgaːɟoz]
adormecer (vi)	elalszik	[ɛlɒlsik]

pesadelo (m)	rémálom	[reːmaːlom]
ronco (m)	horkolás	[horkolaːʃ]
roncar (vi)	horkol	[horkol]

despertador (m)	ébresztőóra	[eːbrɛstøːoːrɒ]
acordar, despertar (vt)	ébreszt	[eːbrɛst]
acordar (vi)	ébred	[eːbrɛd]
levantar-se (vr)	felkel	[fɛlkɛl]
lavar-se (vr)	mosakodik	[moʃɒkodik]

61. Humor. Riso. Alegria

humor (m)	humor	[humor]
senso (m) de humor	humorérzék	[humoreːrzeːk]
divertir-se (vr)	szórakozik	[soːrɒkozik]
alegre (adj)	vidám	[vidaːm]
diversão (f)	vidámság	[vidaːmʃaːg]

sorriso (m)	mosoly	[moʃoj]
sorrir (vi)	mosolyog	[moʃojog]
começar a rir	felnevet	[fɛlnɛvɛt]
rir (vi)	nevet	[nɛvɛt]
riso (m)	nevetés	[nɛvɛteːʃ]

anedota (f)	anekdota, vicc	[ɒnɛgdotɒ], [vits:]
engraçado (adj)	nevetséges	[nɛvɛtʃeːgɛʃ]
ridículo, cômico (adj)	nevetséges	[nɛvɛtʃeːgɛʃ]

brincar (vi)	viccel	[vitsɛl]
piada (f)	vicc	[vits]
alegria (f)	öröm	[ørøm]
regozijar-se (vr)	örül	[øryl]
alegre (adj)	örömteli	[ørømtɛli]

62. Discussão, conversação. Parte 1

| comunicação (f) | kommunikáció | [kommunikaːtsjoː] |
| comunicar-se (vr) | kommunikál | [kommunikaːl] |

conversa (f)	beszélgetés	[bɛseːlgɛteːʃ]
diálogo (m)	dialógus	[diɒloːguʃ]
discussão (f)	megvitatás	[mɛgvitɒtaːʃ]
debate (m)	vita	[vitɒ]
debater (vt)	vitatkozik	[vitɒtkozik]

interlocutor (m)	beszédpartner	[bɛseːd pɒrtnɛr]
tema (m)	téma	[teːmɒ]
ponto (m) de vista	szempont	[sɛmpont]

| opinião (f) | vélemény | [ve:lɛme:ɲ] |
| discurso (m) | beszéd | [bɛse:d] |

discussão (f)	megbeszélés	[mɛgbɛse:le:ʃ]
discutir (vt)	megbeszél	[mɛgbɛse:l]
conversa (f)	beszélgetés	[bɛse:lgɛte:ʃ]
conversar (vi)	beszélget	[bɛse:lgɛt]
reunião (f)	találkozás	[tɒla:lkoza:ʃ]
encontrar-se (vr)	találkozik	[tɒla:lkozik]

provérbio (m)	közmondás	[køzmonda:ʃ]
ditado, provérbio (m)	szólás	[so:la:ʃ]
adivinha (f)	rejtvény	[rɛjtve:ɲ]
dizer uma adivinha	rejtvényt felad	[rɛjtve:ɲt fɛlɒd]
senha (f)	jelszó	[jɛlso:]
segredo (m)	titok	[titok]

juramento (m)	eskü	[ɛʃky]
jurar (vi)	esküszik	[ɛʃkysik]
promessa (f)	ígéret	[i:ge:rɛt]
prometer (vt)	ígér	[i:ge:r]

conselho (m)	tanács	[tɒna:ʧ]
aconselhar (vt)	tanácsol	[tɒna:ʧol]
escutar (~ os conselhos)	engedelmeskedik	[ɛŋgɛdɛlmɛʃkɛdik]

novidade, notícia (f)	újság	[u:jʃa:g]
sensação (f)	szenzáció	[sɛnza:tsio:]
informação (f)	tudnivalók	[tudnivɒlo:k]
conclusão (f)	következtetés	[køvɛtkɛztɛte:ʃ]
voz (f)	hang	[hɒŋg]
elogio (m)	bók	[bo:k]
amável, querido (adj)	kedves	[kɛdvɛʃ]

palavra (f)	szó	[so:]
frase (f)	szólam	[so:lɒm]
resposta (f)	válasz	[va:lɒs]
verdade (f)	igazság	[igɒʃa:g]
mentira (f)	hazugság	[hɒzugʃa:g]

pensamento (m)	gondolat	[gondolɒt]
ideia (f)	ötlet	[øtlɛt]
fantasia (f)	ábránd	[a:bra:nd]

63. Discussão, conversação. Parte 2

estimado, respeitado (adj)	tisztelt	[tistɛlt]
respeitar (vt)	tisztel	[tistɛl]
respeito (m)	tisztelet	[tistɛlɛt]
Estimado ..., Caro ...	Tisztelt ...	[tistɛlt]

| apresentar (alguém a alguém) | megismertet | [mɛgiʃmɛrtɛt] |
| intenção (f) | szándék | [sa:nde:k] |

tencionar (~ fazer algo)	szándékozik	[sa:nde:kozik]
desejo (de boa sorte)	kívánság	[ki:va:nʃa:g]
desejar (ex. ~ boa sorte)	kíván	[ki:va:n]
surpresa (f)	csodálkozás	[tʃoda:lkoza:ʃ]
surpreender (vt)	meglep	[mɛglɛp]
surpreender-se (vr)	csodálkozik	[tʃoda:lkozik]
dar (vt)	ad	[ɒd]
pegar (tomar)	vesz	[vɛs]
devolver (vt)	visszaad	[vissɒɒd]
retornar (vt)	visszaad	[vissɒɒd]
desculpar-se (vr)	bocsánatot kér	[botʃa:nɒtot ke:r]
desculpa (f)	bocsánat	[botʃa:nɒt]
perdoar (vt)	bocsát	[botʃa:t]
falar (vi)	beszélget	[bɛse:lgɛt]
escutar (vt)	hallgat	[hɒllgɒt]
ouvir até o fim	kihallgat	[kihɒllgɒt]
entender (compreender)	ért	[e:rt]
mostrar (vt)	mutat	[mutɒt]
olhar para ...	néz	[ne:z]
chamar (alguém para ...)	hív	[hi:v]
perturbar (vt)	zavar	[zɒvɒr]
entregar (~ em mãos)	átad	[a:tɒd]
pedido (m)	kérés	[ke:re:ʃ]
pedir (ex. ~ ajuda)	kér	[ke:r]
exigência (f)	követelés	[køvɛtɛle:ʃ]
exigir (vt)	követel	[køvɛtɛl]
insultar (chamar nomes)	csúfol	[tʃu:fol]
zombar (vt)	gúnyol	[gu:nøl]
zombaria (f)	gúnyolódás	[gu:nølo:da:ʃ]
alcunha (f), apelido (m)	gúnynév	[gu:ɲe:v]
insinuação (f)	célzás	[tse:lza:ʃ]
insinuar (vt)	céloz	[tse:loz]
querer dizer	ért	[e:rt]
descrição (f)	leírás	[lɛi:ra:ʃ]
descrever (vt)	leír	[lɛi:r]
elogio (m)	dicséret	[ditʃe:rɛt]
elogiar (vt)	dicsér	[ditʃe:r]
desapontamento (m)	csalódás	[tʃolo:da:ʃ]
desapontar (vt)	kiábrándít	[kiɒ:bra:ndi.t]
desapontar-se (vr)	csalódik	[tʃolo:dik]
suposição (f)	feltevés	[fɛltɛve:ʃ]
supor (vt)	feltesz	[fɛltɛs]
advertência (f)	figyelmeztetés	[fiɟɛlmɛztɛte:ʃ]
advertir (vt)	figyelmeztet	[fiɟɛlmɛztɛt]

64. Discussão, conversação. Parte 3

convencer (vt)	rábeszél	[ra:bɛse:l]
acalmar (vt)	nyugtat	[ɲugtɒt]
silêncio (o ~ é de ouro)	hallgatás	[hɒllgɒta:ʃ]
ficar em silêncio	hallgat	[hɒllgɒt]
sussurrar (vt)	suttog	[ʃuttog]
sussurro (m)	suttogás	[ʃuttoga:ʃ]
francamente	őszinte	[ø:sintɛ]
na minha opinião ...	a véleményem szerint ...	[ɒ ve:lɛme:nɛm sɛrint]
detalhe (~ da história)	részlet	[re:slɛt]
detalhado (adj)	részletes	[re:slɛtɛʃ]
detalhadamente	részletesen	[re:slɛtɛʃɛn]
dica (f)	súgás	[ʃu:ga:ʃ]
dar uma dica	súg	[ʃu:g]
olhar (m)	tekintet	[tɛkintɛt]
dar uma olhada	tekint	[tɛkint]
fixo (olhada ~a)	merev	[mɛrɛv]
piscar (vi)	pislog	[piʃlog]
piscar (vt)	pislant	[piʃlɒnt]
acenar com a cabeça	int	[int]
suspiro (m)	sóhaj	[ʃo:hɒj]
suspirar (vi)	sóhajt	[ʃo:hɒjt]
estremecer (vi)	megrezzen	[mɛgrɛzzɛn]
gesto (m)	gesztus	[gɛstuʃ]
tocar (com as mãos)	érint	[e:rint]
agarrar (~ pelo braço)	megfog	[mɛgfog]
bater de leve	megvereget	[mɛgvɛrɛgɛt]
Cuidado!	Vigyázat!	[viɟa:zɒt]
Sério?	Tényleg?	[te:ɲlɛg]
Tem certeza?	Biztos vagy?	[biztoʃ vɒɟ]
Boa sorte!	Sikert kívánok!	[ʃikɛrt ki:va:nok]
Entendi!	Világos!	[vila:goʃ]
Que pena!	Kár!	[ka:r]

65. Acordo. Recusa

consentimento (~ mútuo)	beleegyezés	[bɛlɛɛɟeze:ʃ]
consentir (vi)	beleegyezik	[bɛlɛɛɟezik]
aprovação (f)	jóváhagyás	[jo:va:hɒɟa:ʃ]
aprovar (vt)	jóváhagy	[jo:va:hɒɟ]
recusa (f)	megtagadás	[mɛgtɒgɒda:ʃ]
negar-se a ...	lemond	[lɛmond]
Ótimo!	Kitűnő!	[kity:nø:]
Tudo bem!	Jól van!	[jo:l vɒn]

Está bem! De acordo!	Jól van!	[jo:l vɒn]
proibido (adj)	tilos	[tiloʃ]
é proibido	tilos	[tiloʃ]
é impossível	lehetetlen	[lɛhɛtɛtlɛn]
incorreto (adj)	téves	[te:vɛʃ]

rejeitar (~ um pedido)	visszautasít	[vissɒutɒʃi:t]
apoiar (vt)	támogat	[ta:mogɒt]
aceitar (desculpas, etc.)	fogad	[fogɒd]

confirmar (vt)	elismer	[ɛliʃmɛr]
confirmação (f)	igazolás	[igɒzola:ʃ]
permissão (f)	engedély	[ɛŋgɛde:j]
permitir (vt)	enged	[ɛŋgɛd]
decisão (f)	döntés	[dønte:ʃ]
não dizer nada	elhallgat	[ɛlhɒllgɒt]

condição (com uma ~)	feltétel	[fɛlte:tɛl]
pretexto (m)	kifogás	[kifoga:ʃ]
elogio (m)	dicséret	[ditʃe:rɛt]
elogiar (vt)	dicsér	[ditʃe:r]

66. Sucesso. Boa sorte. Insucesso

êxito, sucesso (m)	siker	[ʃikɛr]
com êxito	sikeresen	[ʃikɛrɛʃɛn]
bem sucedido (adj)	sikeres	[ʃikɛrɛʃ]

sorte (fortuna)	szerencse	[sɛrɛntʃɛ]
Boa sorte!	Sok szerencsét!	[ʃok sɛrɛntʃe:t]
de sorte	szerencsés	[sɛrɛntʃe:ʃ]
sortudo, felizardo (adj)	szerencsés	[sɛrɛntʃe:ʃ]
fracasso (m)	kudarc	[kudɒrts]
pouca sorte (f)	balsiker	[bɒlʃikɛr]
azar (m), má sorte (f)	balszerencse	[bɒlsɛrɛntʃɛ]
mal sucedido (adj)	sikertelen	[ʃikɛrtɛlɛn]
catástrofe (f)	katasztrófa	[kɒtɒstro:fɒ]

orgulho (m)	büszkeség	[byskɛʃe:g]
orgulhoso (adj)	büszke	[byskɛ]
estar orgulhoso, -a	büszkélkedik	[byske:lkɛdik]
vencedor (m)	győztes	[ɟø:ztɛʃ]
vencer (vi, vt)	győz	[ɟø:z]
perder (vt)	veszít	[vɛsi:t]
tentativa (f)	próba	[pro:bɒ]
tentar (vt)	próbál	[pro:ba:l]
chance (m)	esély	[ɛʃe:j]

67. Conflitos. Emoções negativas

grito (m)	kiáltás	[kia:lta:ʃ]
gritar (vi)	kiabál	[kiɒba:l]

começar a gritar	felkiált	[fɛlkia:lt]
discussão (f)	veszekedés	[vɛsɛkɛde:ʃ]
brigar (discutir)	veszekedik	[vɛsɛkɛdik]
escândalo (m)	botrány	[botra:ɲ]
criar escândalo	botrányt csinál	[botra:ɲt tʃina:l]
conflito (m)	konfliktus	[konfliktuʃ]
mal-entendido (m)	félreértés	[fe:lre:ɛrte:ʃ]
insulto (m)	sértés	[ʃe:rte:ʃ]
insultar (vt)	megsért	[mɛgʃe:rt]
insultado (adj)	megsértett	[mɛgʃe:rtɛtt]
ofensa (f)	sértés	[ʃe:rte:ʃ]
ofender (vt)	megsért	[mɛgʃe:rt]
ofender-se (vr)	megsértődik	[mɛgʃe:rtø:dik]
indignação (f)	felháborodás	[fɛlha:boroda:ʃ]
indignar-se (vr)	felháborodik	[fɛlha:borodik]
queixa (f)	panasz	[ponɒs]
queixar-se (vr)	panaszkodik	[ponɒskodik]
desculpa (f)	bocsánat	[botʃa:nɒt]
desculpar-se (vr)	bocsánatot kér	[botʃa:nɒtot ke:r]
pedir perdão	elnézést kér	[ɛlne:ze:ʃt ke:r]
crítica (f)	bírálat	[bi:ra:lɒt]
criticar (vt)	bírál	[bi:ra:l]
acusação (f)	vád	[va:d]
acusar (vt)	vádol	[va:dol]
vingança (f)	bosszú	[bossu:]
vingar (vt)	megbosszul	[mɛgbossul]
vingar-se de	viszonoz	[visonoz]
desprezo (m)	lenézés	[lɛne:ze:ʃ]
desprezar (vt)	lenéz	[lɛne:z]
ódio (m)	gyűlölet	[ɟy:lølɛt]
odiar (vt)	gyűlöl	[ɟy:løl]
nervoso (adj)	ideges	[idɛgɛʃ]
estar nervoso	izgul	[izgul]
zangado (adj)	haragos	[hɒrɒgoʃ]
zangar (vt)	megharagít	[mɛghɒrɒgi:t]
humilhação (f)	megalázás	[mɛgɒla:za:ʃ]
humilhar (vt)	megaláz	[mɛgɒla:z]
humilhar-se (vr)	megalázkodik	[mɛgɒla:skodik]
choque (m)	sokk	[ʃokk]
chocar (vt)	megbotránkoztat	[mɛgbotra:ŋkoztot]
aborrecimento (m)	kellemetlenség	[kɛllɛmɛtlɛnʃe:g]
desagradável (adj)	kellemetlen	[kɛllɛmɛtlɛn]
medo (m)	félelem	[fe:lɛlɛm]
terrível (tempestade, etc.)	szörnyű	[sørɲy:]
assustador (ex. história ~a)	félelmetes	[fe:lɛlmɛtɛʃ]

| horror (m) | rémület | [re:mylɛt] |
| horrível (crime, etc.) | rémes | [re:mɛʃ] |

chorar (vi)	sír	[ʃi:r]
começar a chorar	sírva fakad	[ʃi:rvɒ fɒkɒd]
lágrima (f)	könny	[kønɲ]

falta (f)	hiba	[hibɒ]
culpa (f)	bűnbánat	[by:nba:nɒt]
desonra (f)	szégyen	[se:ɟɛn]
protesto (m)	tiltakozás	[tiltɒkoza:ʃ]
estresse (m)	stressz	[strɛss]

perturbar (vt)	zavar	[zɒvɒr]
zangar-se com …	haragszik	[hɒrɒgsik]
zangado (irritado)	haragos	[hɒrɒgoʃ]
terminar (vt)	abbahagy	[ɒbbɒhɒɟ]
praguejar	szid	[sid]

assustar-se	megijed	[mɛgijɛd]
golpear (vt)	üt	[yt]
brigar (na rua, etc.)	verekedik	[vɛrɛkɛdik]

resolver (o conflito)	megold	[mɛgold]
descontente (adj)	elégedetlen	[ɛle:gɛdɛtlɛn]
furioso (adj)	dühödt	[dyhøtt]

| Não está bem! | Ez nem jó! | [ɛz nɛm jo:] |
| É ruim! | Ez rossz! | [ɛz ross] |

Medicina

68. Doenças

doença (f)	betegség	[bɛtɛgʃeːg]
estar doente	beteg van	[bɛtɛg vɒn]
saúde (f)	egészség	[ɛgeːʃeːg]
nariz (m) escorrendo	nátha	[naːthɒ]
amigdalite (f)	torokgyulladás	[torokɟyllɒdaːʃ]
resfriado (m)	megfázás	[mɛgfaːzaːʃ]
ficar resfriado	megfázik	[mɛgfaːzik]
bronquite (f)	hörghurut	[hørgfurut]
pneumonia (f)	tüdőgyulladás	[tydøːɟyllɒɟaːʃ]
gripe (f)	influenza	[influɛnzɒ]
míope (adj)	rövidlátó	[røvidlaːtoː]
presbita (adj)	távollátó	[taːvollaːtoː]
estrabismo (m)	kancsalság	[kɒntʃɒlʃaːg]
estrábico, vesgo (adj)	kancsal	[kɒntʃɒl]
catarata (f)	szürke hályog	[syrkɛ haːjog]
glaucoma (m)	glaukóma	[glɒukoːmɒ]
AVC (m), apoplexia (f)	inzultus	[inzultuʃ]
ataque (m) cardíaco	infarktus	[infɒrktuʃ]
paralisia (f)	bénaság	[beːnɒʃaːg]
paralisar (vt)	megbénít	[mɛgbeːniːt]
alergia (f)	allergia	[ɒllɛrgiɒ]
asma (f)	asztma	[ɒstmɒ]
diabetes (f)	cukorbaj	[tsukorbɒj]
dor (f) de dente	fogfájás	[fogfaːjaːʃ]
cárie (f)	fogszuvasodás	[fogsuvɒʃodaːʃ]
diarreia (f)	hasmenés	[hɒʃmɛneːʃ]
prisão (f) de ventre	szorulás	[sorulaːʃ]
desarranjo (m) intestinal	gyomorrontás	[ɟomorrontaːʃ]
intoxicação (f) alimentar	mérgezés	[meːrgɛzeːʃ]
intoxicar-se	mérgezést kap	[meːrgɛzeːʃt kɒp]
artrite (f)	ízületi gyulladás	[iːzylɛti ɟyllɒdaːʃ]
raquitismo (m)	angolkór	[ɒŋgolkoːr]
reumatismo (m)	reuma	[rɛumɒ]
arteriosclerose (f)	érelmeszesedés	[eːrɛlmɛsɛʃɛdeːʃ]
gastrite (f)	gyomorhurut	[ɟomorhurut]
apendicite (f)	vakbélgyulladás	[vɒkbeːlɟyllɒdaːʃ]
colecistite (f)	epehólyaggyulladás	[ɛpɛhoːjɒgɟyllɒdaːʃ]

úlcera (f)	fekély	[fɛke:j]
sarampo (m)	kanyaró	[kɔɲɔro:]
rubéola (f)	rózsahimlő	[ro:ʒɔhimlø:]
icterícia (f)	sárgaság	[ʃa:rgɒʃa:g]
hepatite (f)	hepatitisz	[hɛpɒtitis]

esquizofrenia (f)	szkizofrénia	[skizofre:niɒ]
raiva (f)	veszettség	[vɛsɛtt͡ʃe:g]
neurose (f)	neurózis	[nɛuro:ziʃ]
contusão (f) cerebral	agyrázkódás	[ɒɟra:skoda:ʃ]

câncer (m)	rák	[ra:k]
esclerose (f)	szklerózis	[sklɛro:ziʃ]
esclerose (f) múltipla	szklerózis multiplex	[sklɛro:ziʃ multiplɛks]

alcoolismo (m)	alkoholizmus	[ɒlkoholizmuʃ]
alcoólico (m)	alkoholista	[ɒlkoholiʃtɒ]
sífilis (f)	szifilisz	[sifilis]
AIDS (f)	AIDS	[ɛjds]

tumor (m)	daganat	[dɒgɒnɒt]
febre (f)	láz	[la:z]
malária (f)	malária	[mɒla:riɒ]
gangrena (f)	üszkösödés	[yskøʃøde:ʃ]
enjoo (m)	tengeribetegség	[tɛŋgɛribɛtɛgʃe:g]
epilepsia (f)	epilepszia	[ɛpilɛpsiɒ]

epidemia (f)	járvány	[ja:rva:ɲ]
tifo (m)	tífusz	[ti:fus]
tuberculose (f)	tuberkulózis	[tubɛrkulo:ziʃ]
cólera (f)	kolera	[kolɛrɒ]
peste (f) bubônica	pestis	[pɛʃtiʃ]

69. Sintomas. Tratamentos. Parte 1

sintoma (m)	tünet	[tynɛt]
temperatura (f)	láz	[la:z]
febre (f)	magas láz	[mɒgɒʃ la:z]
pulso (m)	pulzus	[pulzuʃ]

vertigem (f)	szédülés	[se:dyle:ʃ]
quente (testa, etc.)	forró	[forro:]
calafrio (m)	hidegrázás	[hidɛgra:za:ʃ]
pálido (adj)	sápadt	[ʃa:pɒtt]

tosse (f)	köhögés	[køhøge:ʃ]
tossir (vi)	köhög	[køhøg]
espirrar (vi)	tüsszent	[tyssɛnt]
desmaio (m)	ájulás	[a:jula:ʃ]
desmaiar (vi)	elájul	[ɛla:jul]

mancha (f) preta	kék folt	[ke:k folt]
galo (m)	dudor	[dudor]
machucar-se (vr)	nekiütődik	[nɛkiytø:dik]

| contusão (f) | ütés | [yte:ʃ] |
| machucar-se (vr) | megüti magát | [mɛgyti mɒga:t] |

mancar (vi)	sántít	[ʃa:nti:t]
deslocamento (f)	ficam	[fitsɒm]
deslocar (vt)	kificamít	[kifitsɒmi:t]
fratura (f)	törés	[tøre:ʃ]
fraturar (vt)	eltör	[ɛltør]

corte (m)	vágás	[va:ga:ʃ]
cortar-se (vr)	megvágja magát	[mɛgva:gjɒ mɒga:t]
hemorragia (f)	vérzés	[ve:rze:ʃ]

| queimadura (f) | égési seb | [e:ge:ʃi ʃɛb] |
| queimar-se (vr) | megégeti magát | [mɛge:gɛti mɒga:t] |

picar (vt)	megszúr	[mɛgsu:r]
picar-se (vr)	megszúrja magát	[mɛgsu:rjo mɒga:t]
lesionar (vt)	megsért	[mɛgʃe:rt]
lesão (m)	sérülés	[ʃe:ryle:ʃ]
ferida (f), ferimento (m)	seb	[ʃɛb]
trauma (m)	sérülés	[ʃe:ryle:ʃ]

delirar (vi)	félrebeszél	[fe:lrɛbɛse:l]
gaguejar (vi)	dadog	[dɒdog]
insolação (f)	napszúrás	[nɒpsu:ra:ʃ]

70. Sintomas. Tratamentos. Parte 2

| dor (f) | fájdalom | [fa:jdɒlom] |
| farpa (no dedo, etc.) | szálka | [sa:lkɒ] |

suor (m)	veríték	[vɛri:te:k]
suar (vi)	izzad	[izzɒd]
vômito (m)	hányás	[ha:ɲa:ʃ]
convulsões (f pl)	görcs	[gørʧ]

grávida (adj)	terhes	[tɛrhɛʃ]
nascer (vi)	születik	[sylɛtik]
parto (m)	szülés	[syle:ʃ]
dar à luz	szül	[syl]
aborto (m)	magzatelhajtás	[mɒgzɒtɛlhɒjta:ʃ]

respiração (f)	lélegzés	[le:lɛgze:ʃ]
inspiração (f)	belégzés	[bɛle:gze:ʃ]
expiração (f)	kilégzés	[kile:gze:ʃ]
expirar (vi)	kilélegzik	[kile:lɛgzik]
inspirar (vi)	belélegzik	[bɛle:lɛgzik]

inválido (m)	rokkant	[rokkɒnt]
aleijado (m)	nyomorék	[ɲomore:k]
drogado (m)	narkós	[nɒrko:ʃ]
surdo (adj)	süket	[ʃykɛt]
mudo (adj)	néma	[ne:mɒ]

surdo-mudo (adj)	süketnéma	[ʃykɛtne:mɒ]
louco, insano (adj)	őrült	[ø:rylt]
louco (m)	őrült férfi	[ø:rylt fe:rfi]
louca (f)	őrült nő	[ø:rylt nø:]
ficar louco	megőrül	[mɛgø:ryl]

gene (m)	gén	[ge:n]
imunidade (f)	immunitás	[immunita:ʃ]
hereditário (adj)	örökölt	[ørøkølt]
congênito (adj)	veleszületett	[vɛlɛʃsylɛtɛtt]

vírus (m)	vírus	[vi:ruʃ]
micróbio (m)	mikroba	[mikrobɒ]
bactéria (f)	baktérium	[bɒkte:rium]
infecção (f)	fertőzés	[fɛrtø:ze:ʃ]

71. Sintomas. Tratamentos. Parte 3

| hospital (m) | kórház | [ko:rha:z] |
| paciente (m) | beteg | [bɛtɛg] |

diagnóstico (m)	diagnózis	[diɒgno:ziʃ]
cura (f)	gyógyítás	[ɟø:ɟi:ta:ʃ]
tratamento (m) médico	kezelés	[kɛzɛle:ʃ]
curar-se (vr)	gyógyul	[ɟø:ɟyl]
tratar (vt)	gyógyít	[ɟø:ɟi:t]
cuidar (pessoa)	ápol	[a:pol]
cuidado (m)	ápolás	[a:pola:ʃ]

operação (f)	műtét	[my:te:t]
enfaixar (vt)	beköt	[bɛkøt]
enfaixamento (m)	bekötés	[bɛkøte:ʃ]
vacinação (f)	oltás	[olta:ʃ]
vacinar (vt)	beolt	[bɛolt]
injeção (f)	injekció	[iɲɛktsio:]
dar uma injeção	injekciót ad	[iɲɛktsio:t ɒd]

ataque (~ de asma, etc.)	roham	[rohɒm]
amputação (f)	amputálás	[ɒmputa:la:ʃ]
amputar (vt)	csonkol	[tʃoŋkol]
coma (f)	kóma	[ko:mɒ]
estar em coma	kómában van	[ko:ma:bɒn vɒn]
reanimação (f)	reanimáció	[rɛɒnima:tsio:]

recuperar-se (vr)	felgyógyul	[fɛlɟø:ɟyl]
estado (~ de saúde)	állapot	[a:llɒpot]
consciência (perder a ~)	eszmélet	[ɛsme:lɛt]
memória (f)	emlékezet	[ɛmle:kɛzɛt]

tirar (vt)	húz	[hu:z]
obturação (f)	fogtömés	[fogtøme:ʃ]
obturar (vt)	fogat betöm	[fogɒt bɛtøm]
hipnose (f)	hipnózis	[hipno:ziʃ]
hipnotizar (vt)	hipnotizál	[hipnotiza:l]

72. Médicos

médico (m)	orvos	[orvoʃ]
enfermeira (f)	nővér	[nø:ve:r]
médico (m) pessoal	személyes orvos	[sɛme:jɛʃ orvoʃ]

dentista (m)	fogász	[foga:s]
oculista (m)	szemész	[sɛme:s]
terapeuta (m)	belgyógyász	[bɛlɟø:ɟa:s]
cirurgião (m)	sebész	[ʃɛbe:s]

psiquiatra (m)	elmeorvos	[ɛlmɛorvoʃ]
pediatra (m)	gyermekorvos	[ɟɛrmɛk orvoʃ]
psicólogo (m)	pszichológus	[psiholo:guʃ]
ginecologista (m)	nőgyógyász	[nø:ɟø:ɟa:s]
cardiologista (m)	kardiológus	[kɒrdjolo:guʃ]

73. Medicina. Drogas. Acessórios

| medicamento (m) | gyógyszer | [ɟø:ɟsɛr] |
| remédio (m) | orvosság | [orvoʃa:g] |

| receitar (vt) | felír | [fɛli:r] |
| receita (f) | recept | [rɛtsɛpt] |

comprimido (m)	tabletta	[tɒblɛttɒ]
unguento (m)	kenőcs	[kɛnø:ʧ]
ampola (f)	ampulla	[ɒmpullɒ]
solução, preparado (m)	gyógyszerkeverék	[ɟø:ɟsɛr kɛvɛre:k]
xarope (m)	szirup	[sirup]

| cápsula (f) | pirula | [pirulɒ] |
| pó (m) | por | [por] |

atadura (f)	kötés	[køte:ʃ]
algodão (m)	vatta	[vɒttɒ]
iodo (m)	jódtinktúra	[jo:ttiŋktu:rɒ]

| curativo (m) adesivo | ragtapasz | [rɒgtɒpɒs] |
| conta-gotas (m) | pipetta | [pipɛttɒ] |

| termômetro (m) | hőmérő | [hø:me:rø:] |
| seringa (f) | fecskendő | [fɛʧkɛndø:] |

| cadeira (f) de rodas | tolószék | [tolo:se:k] |
| muletas (f pl) | mankók | [mɒŋko:k] |

| analgésico (m) | fájdalomcsillapító | [fa:jdɒlomʧillɒpi:to:] |
| laxante (m) | hashajtó | [hɒʃhɒjto:] |

álcool (m)	szesz	[sɛs]
ervas (f pl) medicinais	fű	[fy:]
de ervas (chá ~)	fű	[fy:]

74. Fumar. Produtos tabágicos

tabaco (m)	dohány	[doha:ɲ]
cigarro (m)	cigaretta	[tsigɒrɛttɒ]
charuto (m)	szivar	[sivɒr]
cachimbo (m)	pipa	[pipɒ]
maço (~ de cigarros)	doboz	[doboz]
fósforos (m pl)	gyufa	[ɟyfɒ]
caixa (f) de fósforos	gyufadoboz	[ɟyfɒ ɟoboz]
isqueiro (m)	gyújtó	[ɟu:jto:]
cinzeiro (m)	hamutartó	[hɒmutɒrto:]
cigarreira (f)	szivartárca	[sivɒr ta:rtsɒ]
piteira (f)	szopóka	[sopo:kɒ]
filtro (m)	filter	[filtɛr]
fumar (vi, vt)	dohányzik	[doha:ɲzik]
acender um cigarro	rágyújt	[ra:ɟu:jt]
tabagismo (m)	dohányzás	[doha:ɲza:ʃ]
fumante (m)	dohányos	[doha:nøʃ]
bituca (f)	csikk	[ʧikk]
fumaça (f)	füst	[fyʃt]
cinza (f)	hamu	[hɒmu]

HABITAT HUMANO

Cidade

75. Cidade. Vida na cidade

cidade (f)	város	[va:roʃ]
capital (f)	főváros	[fø:va:roʃ]
aldeia (f)	falu	[fɒlu]
mapa (m) da cidade	város térképe	[va:roʃ te:rke:pɛ]
centro (m) da cidade	városközpont	[va:roʃkøspont]
subúrbio (m)	külváros	[kylva:roʃ]
suburbano (adj)	külvárosi	[kylva:roʃi]
periferia (f)	külváros	[kylva:roʃ]
arredores (m pl)	környék	[kørne:k]
quarteirão (m)	városnegyed	[va:roʃnɛɟɛd]
quarteirão (m) residencial	lakótelep	[lɒko:tɛlɛp]
tráfego (m)	közlekedés	[køzlɛkɛde:ʃ]
semáforo (m)	lámpa	[la:mpɒ]
transporte (m) público	városi közlekedés	[va:roʃi køzlɛkɛde:ʃ]
cruzamento (m)	útkereszteződés	[u:tkɛrɛstɛzø:de:s]
faixa (f)	átkelőhely	[a:tkɛlø:hɛj]
túnel (m) subterrâneo	aluljáró	[ɒlulja:ro:]
cruzar, atravessar (vt)	átmegy	[a:tmɛɟ]
pedestre (m)	gyalogos	[ɟologoʃ]
calçada (f)	járda	[ja:rdɒ]
ponte (f)	híd	[hi:d]
margem (f) do rio	rakpart	[rɒkpɒrt]
fonte (f)	szökőkút	[søkø:ku:t]
alameda (f)	fasor	[fɒʃor]
parque (m)	park	[pɒrk]
bulevar (m)	sétány	[ʃe:ta:ɲ]
praça (f)	tér	[te:r]
avenida (f)	sugárút	[ʃuga:ru:t]
rua (f)	utca	[uttsɒ]
travessa (f)	mellékutca	[mɛlle:kutsɒ]
beco (m) sem saída	zsákutca	[ʒa:kuttsɒ]
casa (f)	ház	[ha:z]
edifício, prédio (m)	épület	[e:pylɛt]
arranha-céu (m)	felhőkarcoló	[fɛlhø:kɒrtsolo:]
fachada (f)	homlokzat	[homlogzɒt]
telhado (m)	tető	[tɛtø:]

73

janela (f)	ablak	[ɒblɒk]
arco (m)	boltív	[bolti:v]
coluna (f)	oszlop	[oslop]
esquina (f)	sarok	[ʃɒrok]

vitrine (f)	kirakat	[kirɒkɒt]
letreiro (m)	cégtábla	[tse:gta:blɒ]
cartaz (do filme, etc.)	poszter	[postɛr]
cartaz (m) publicitário	reklámplakát	[rɛkla:m plɒka:t]
painel (m) publicitário	hirdetőtábla	[hirdɛtø:ta:blɒ]

lixo (m)	szemét	[sɛme:t]
lata (f) de lixo	kuka	[kukɒ]
jogar lixo na rua	szemetel	[sɛmɛtɛl]
aterro (m) sanitário	szemétlerakó hely	[sɛme:tlɛrɒko: hɛj]

orelhão (m)	telefonfülke	[tɛlɛfonfylkɛ]
poste (m) de luz	lámpaoszlop	[la:mpɒoslop]
banco (m)	pad	[pɒd]

polícia (m)	rendőr	[rɛndø:r]
polícia (instituição)	rendőrség	[rɛndø:rʃe:g]
mendigo, pedinte (m)	koldus	[kolduʃ]
desabrigado (m)	hajléktalan	[hɒjle:ktɒlɒn]

76. Instituições urbanas

loja (f)	bolt	[bolt]
drogaria (f)	gyógyszertár	[ɟø:ɟsɛrta:r]
ótica (f)	optika	[optikɒ]
centro (m) comercial	vásárlóközpont	[va:ʃa:rlo: køspont]
supermercado (m)	szupermarket	[supɛrmɒrkɛt]

padaria (f)	péküzlet	[pe:kyzlɛt]
padeiro (m)	pék	[pe:k]
pastelaria (f)	cukrászda	[tsukra:sdɒ]
mercearia (f)	élelmiszerbolt	[e:lɛlmisɛrbolt]
açougue (m)	húsbolt	[hu:ʃbolt]

fruteira (f)	zöldségbolt	[zøldʃe:gbolt]
mercado (m)	piac	[piɒts]

cafeteria (f)	kávézó	[ka:ve:zo:]
restaurante (m)	étterem	[e:ttɛrɛm]
bar (m)	söröző	[ʃørøzø:]
pizzaria (f)	pizzéria	[pitse:riɒ]

salão (m) de cabeleireiro	fodrászat	[fodra:sɒt]
agência (f) dos correios	posta	[poʃtɒ]
lavanderia (f)	vegytisztítás	[vɛɟtisti:ta:ʃ]
estúdio (m) fotográfico	fényképészet	[fe:ɲke:pe:sɛt]

sapataria (f)	cipőbolt	[tsipø:bolt]
livraria (f)	könyvesbolt	[køɲvɛʃbolt]

loja (f) de artigos esportivos	sportbolt	[ʃportbolt]
costureira (m)	ruhajavítás	[ruhɒ jɒviːtaːʃ]
aluguel (m) de roupa	ruhakölcsönzés	[ruhɒ køltʃønzeːʃ]
videolocadora (f)	filmkölcsönzés	[film køltʃønzeːʃ]

circo (m)	cirkusz	[tsirkus]
jardim (m) zoológico	állatkert	[aːllɒt kɛrt]
cinema (m)	mozi	[mozi]
museu (m)	múzeum	[muːzɛum]
biblioteca (f)	könyvtár	[køɲvtaːr]

teatro (m)	színház	[siːnhaːz]
ópera (f)	opera	[opɛrɒ]
boate (casa noturna)	éjjeli klub	[eːjjɛli klub]
cassino (m)	kaszinó	[kɒsino:]

mesquita (f)	mecset	[mɛtʃɛt]
sinagoga (f)	zsinagóga	[ʒinɒgoːgɒ]
catedral (f)	székesegyház	[seːkɛʃɛɟhaːz]
templo (m)	templom	[tɛmplom]
igreja (f)	templom	[tɛmplom]

faculdade (f)	intézet	[inteːzɛt]
universidade (f)	egyetem	[ɛɟɛtɛm]
escola (f)	iskola	[iʃkolɒ]

prefeitura (f)	polgármesteri hivatal	[polgaːrmɛʃtɛri hivɒtɒl]
câmara (f) municipal	városháza	[vaːroʃhaːzɒ]
hotel (m)	szálloda	[saːllodɒ]
banco (m)	bank	[bɒŋk]

embaixada (f)	nagykövetség	[nɒckøvɛtʃːeːg]
agência (f) de viagens	utazási iroda	[utɒzaːʃi irodɒ]
agência (f) de informações	tudakozóiroda	[tudɒkozo: irodɒ]
casa (f) de câmbio	pénzváltó	[peːnzvaːlto:]

| metrô (m) | metró | [mɛtro:] |
| hospital (m) | kórház | [koːrhaːz] |

| posto (m) de gasolina | benzinkút | [bɛnziŋkuːt] |
| parque (m) de estacionamento | parkolóhely | [pɒrkolo:hɛj] |

77. Transportes urbanos

ônibus (m)	busz	[bus]
bonde (m) elétrico	villamos	[villɒmoʃ]
trólebus (m)	trolibusz	[trolibus]
rota (f), itinerário (m)	járat	[jaːrɒt]
número (m)	szám	[saːm]

ir de ... (carro, etc.)	megy ...vel	[mɛɟ ...vɛl]
entrar no ...	felszáll	[fɛlsaːll]
descer do ...	leszáll	[lɛsaːll]
parada (f)	állomás	[aːllomaːʃ]

próxima parada (f)	következő állomás	[køvɛtkɛzø: a:lloma:ʃ]
terminal (m)	végállomás	[ve:ga:lloma:ʃ]
horário (m)	menetrend	[mɛnɛtrɛnd]
esperar (vt)	vár	[va:r]

| passagem (f) | jegy | [jɛɟ] |
| tarifa (f) | jegyár | [jɛɟa:r] |

bilheteiro (m)	pénztáros	[pe:nsta:roʃ]
controle (m) de passagens	ellenőrzés	[ɛllɛnø:rze:ʃ]
revisor (m)	ellenőr	[ɛllɛnø:r]

atrasar-se (vr)	késik	[ke:ʃik]
perder (o autocarro, etc.)	elkésik ...re	[ɛlke:ʃik ...rɛ]
estar com pressa	siet	[ʃiɛt]

táxi (m)	taxi	[tɒksi]
taxista (m)	taxis	[tɒksiʃ]
de táxi (ir ~)	taxival	[tɒksivɒl]
ponto (m) de táxis	taxiállomás	[tɒksia:lloma:ʃ]
chamar um táxi	taxit hív	[tɒksit hi:v]
pegar um táxi	taxival megy	[tɒksival mɛɟ]

tráfego (m)	közlekedés	[køzlɛkɛde:ʃ]
engarrafamento (m)	dugó	[dugo:]
horas (f pl) de pico	csúcsforgalom	[ʧu:ʧforgɒlom]
estacionar (vi)	parkol	[pɒrkol]
estacionar (vt)	parkol	[pɒrkol]
parque (m) de estacionamento	parkolóhely	[pɒrkolo:hɛj]

metrô (m)	metró	[mɛtro:]
estação (f)	állomás	[a:lloma:ʃ]
ir de metrô	metróval megy	[mɛtro:vɒl mɛɟ]
trem (m)	vonat	[vonɒt]
estação (f) de trem	pályaudvar	[pa:jɒudvɒr]

78. Turismo

monumento (m)	műemlék	[my:ɛmle:k]
fortaleza (f)	erőd	[ɛrø:d]
palácio (m)	palota	[pɒlotɒ]
castelo (m)	kastély	[kɒʃte:j]
torre (f)	torony	[toroɲ]
mausoléu (m)	mauzóleum	[mɒuzo:lɛum]

arquitetura (f)	építészet	[e:pi:te:sɛt]
medieval (adj)	középkori	[køze:pkori]
antigo (adj)	ősi	[ø:ʃi]
nacional (adj)	nemzeti	[nɛmzɛti]
famoso, conhecido (adj)	híres	[hi:rɛʃ]

turista (m)	turista	[turiʃtɒ]
guia (pessoa)	idegenvezető	[idɛgɛn vɛzɛtø:]
excursão (f)	kirándulás	[kira:ndula:ʃ]

mostrar (vt)	mutat	[mutɒt]
contar (vt)	mesél	[mɛʃeːl]
encontrar (vt)	talál	[tɒlaːl]
perder-se (vr)	elvész	[ɛlveːs]
mapa (~ do metrô)	térkép	[teːrkeːp]
mapa (~ da cidade)	térkép	[teːrkeːp]
lembrança (f), presente (m)	emléktárgy	[ɛmleːktaːrɟ]
loja (f) de presentes	ajándékbolt	[ɒjaːndeːkbolt]
tirar fotos, fotografar	fényképez	[feːɲkeːpɛz]
fotografar-se (vr)	lefényképezteti magát	[lɛfeːɲkeːpɛztɛti mɒgaːt]

79. Compras

comprar (vt)	vásárol	[vaːʃaːrol]
compra (f)	vásárolt holmi	[vaːʃaːrolt holmi]
fazer compras	vásárol	[vaːʃaːrol]
compras (f pl)	vásárlás	[vaːʃaːrlaːʃ]
estar aberta (loja)	dolgozik	[dolgozik]
estar fechada	bezáródik	[bɛzaːroːdik]
calçado (m)	cipő	[tsipøː]
roupa (f)	ruha	[ruhɒ]
cosméticos (m pl)	kozmetika	[kozmɛtikɒ]
alimentos (m pl)	élelmiszer	[eːlɛlmisɛr]
presente (m)	ajándék	[ɒjaːndeːk]
vendedor (m)	eladó	[ɛlɒdoː]
vendedora (f)	eladónő	[ɛlɒdoːnøː]
caixa (f)	pénztár	[peːnstaːr]
espelho (m)	tükör	[tykør]
balcão (m)	pult	[pult]
provador (m)	próbafülke	[proːbɒfylkɛ]
provar (vt)	felpróbál	[fɛlproːbaːl]
servir (roupa, caber)	megfelel	[mɛgfɛlɛl]
gostar (apreciar)	tetszik	[tɛtsik]
preço (m)	ár	[aːr]
etiqueta (f) de preço	árcédula	[aːrtseːdulɒ]
custar (vt)	kerül	[kɛryl]
Quanto?	Mennyibe kerül?	[mɛɲɲibɛ kɛryl]
desconto (m)	kedvezmény	[kɛdvɛzmeːɲ]
não caro (adj)	olcsó	[oltʃoː]
barato (adj)	olcsó	[oltʃoː]
caro (adj)	drága	[draːgɒ]
É caro	Ez drága.	[ɛz draːgɒ]
aluguel (m)	kölcsönzés	[køltʃønzeːʃ]
alugar (roupas, etc.)	kölcsönöz	[køltʃønøz]

| crédito (m) | hitel | [hitɛl] |
| a crédito | hitelbe | [hitɛlbɛ] |

80. Dinheiro

dinheiro (m)	pénz	[pe:nz]
câmbio (m)	váltás	[va:lta:ʃ]
taxa (f) de câmbio	árfolyam	[a:rfojɒm]
caixa (m) eletrônico	bankautomata	[bɒŋk ɒutomɒtɒ]
moeda (f)	érme	[e:rmɛ]

| dólar (m) | dollár | [dolla:r] |
| euro (m) | euró | [ɛuro:] |

lira (f)	líra	[li:rɒ]
marco (m)	márka	[ma:rkɒ]
franco (m)	frank	[frɒŋk]
libra (f) esterlina	font sterling	[font stɛrliŋg]
iene (m)	jen	[jɛn]

dívida (f)	adósság	[ɒdo:ʃa:g]
devedor (m)	adós	[ɒdo:ʃ]
emprestar (vt)	kölcsönad	[køltʃønɒd]
pedir emprestado	kölcsönvesz	[køltʃønvɛs]

banco (m)	bank	[bɒŋk]
conta (f)	számla	[sa:mlɒ]
depositar na conta	számlára tesz	[sa:mla:rɒ tɛs]
sacar (vt)	számláról lehív	[sa:mla:ro:l lɛhi:v]

cartão (m) de crédito	hitelkártya	[hitɛlka:rcɒ]
dinheiro (m) vivo	készpénz	[ke:spe:nz]
cheque (m)	csekk	[tʃɛkk]
passar um cheque	kiállít egy csekket	[kia:lli:t ɛɟ: tʃɛkkɛt]
talão (m) de cheques	csekkkönyv	[tʃɛkkkøɲv]

carteira (f)	pénztárca	[pe:nsta:rtsɒ]
niqueleira (f)	pénztárca	[pe:nsta:rtsɒ]
cofre (m)	páncélszekrény	[pa:ntse:lsɛkre:ɲ]

herdeiro (m)	örökös	[ørøkøʃ]
herança (f)	örökség	[ørøkʃe:g]
fortuna (riqueza)	vagyon	[vɒɟøn]

arrendamento (m)	bérlet	[be:rlɛt]
aluguel (pagar o ~)	lakbér	[lɒkbe:r]
alugar (vt)	bérel	[be:rɛl]

preço (m)	ár	[a:r]
custo (m)	költség	[køltʃe:g]
soma (f)	összeg	[øssɛg]

| gastar (vt) | költ | [kølt] |
| gastos (m pl) | kiadások | [kiɒda:ʃok] |

78

| economizar (vi) | takarékoskodik | [tɒkɒre:koʃkodik] |
| econômico (adj) | takarékos | [tɒkɒre:koʃ] |

pagar (vt)	fizet	[fizɛt]
pagamento (m)	fizetés	[fizɛte:ʃ]
troco (m)	visszajáró pénz	[vissɒja:ro: pe:nz]

imposto (m)	adó	[ɒdo:]
multa (f)	büntetés	[byntɛte:ʃ]
multar (vt)	büntet	[byntɛt]

81. Correios. Serviço postal

agência (f) dos correios	posta	[poʃtɒ]
correio (m)	posta	[poʃtɒ]
carteiro (m)	postás	[poʃta:ʃ]
horário (m)	nyitvatartási idő	[ɲitvɒtɒrta:ʃi idø:]

carta (f)	levél	[lɛve:l]
carta (f) registada	ajánlott levél	[ɒja:nlott lɛve:l]
cartão (m) postal	képeslap	[ke:pɛʃlɒp]
telegrama (m)	távirat	[ta:virɒt]
encomenda (f)	csomag	[tʃomɒg]
transferência (f) de dinheiro	pénzátutalás	[pe:nza:tutɒla:ʃ]

receber (vt)	kap	[kɒp]
enviar (vt)	felad	[fɛlɒd]
envio (m)	feladás	[fɛlɒda:ʃ]

endereço (m)	cím	[tsi:m]
código (m) postal	irányítószám	[ira:ɲi:to:sa:m]
remetente (m)	feladó	[fɛlɒdo:]
destinatário (m)	címzett	[tsi:mzɛtt]

| nome (m) | név | [ne:v] |
| sobrenome (m) | vezetéknév | [vɛzɛte:k ne:v] |

tarifa (f)	tarifa	[tarifa]
ordinário (adj)	normál	[norma:l]
econômico (adj)	kedvezményes	[kɛdvɛzme:ɲɛʃ]

peso (m)	súly	[ʃu:j]
pesar (estabelecer o peso)	megmér	[mɛgme:r]
envelope (m)	boríték	[bori:te:k]
selo (m) postal	márka	[ma:rkɒ]

Moradia. Casa. Lar

82. Casa. Habitação

casa (f)	ház	[ha:z]
em casa	itthon	[itthon]
pátio (m), quintal (f)	udvar	[udvɒr]
cerca, grade (f)	kerítés	[kɛri:teʃ]
tijolo (m)	tégla	[te:glɒ]
de tijolos	tégla	[te:glɒ]
pedra (f)	kő	[kø:]
de pedra	kő	[kø:]
concreto (m)	beton	[bɛton]
concreto (adj)	beton	[bɛton]
novo (adj)	új	[u:j]
velho (adj)	régi	[re:gi]
decrépito (adj)	omladozó	[omladozo:]
moderno (adj)	modern	[modɛrn]
de vários andares	többemeletes	[tøbbɛmɛlɛtɛʃ]
alto (adj)	magas	[mɒgɒʃ]
andar (m)	emelet	[ɛmɛlɛt]
de um andar	földszintes	[føldsintɛʃ]
térreo (m)	földszint	[føldsint]
andar (m) de cima	felső emelet	[fɛlʃø: ɛmɛlɛt]
telhado (m)	tető	[tɛtø:]
chaminé (f)	kémény	[ke:me:ɲ]
telha (f)	cserép	[tʃɛre:p]
de telha	cserép	[tʃɛre:p]
sótão (m)	padlás	[pɒdla:ʃ]
janela (f)	ablak	[ɒblɒk]
vidro (m)	üveg	[yvɛg]
parapeito (m)	ablakdeszka	[ɒblɒg dɛskɒ]
persianas (f pl)	zsalugáter	[ʒɒluga:tɛr]
parede (f)	fal	[fɒl]
varanda (f)	erkély	[ɛrke:j]
calha (f)	vízlevezető cső	[vi:zlɛvɛzɛtø: tʃø:]
em cima	fent	[fɛnt]
subir (vi)	felmegy	[fɛlmɛɟ]
descer (vi)	lemegy	[lɛmɛɟ]
mudar-se (vr)	átköltözik	[a:tkøltøzik]

83. Casa. Entrada. Elevador

entrada (f)	bejárat	[bɛjaːrɒt]
escada (f)	lépcső	[leːpt͡ʃøː]
degraus (m pl)	lépcsőfok	[leːpt͡ʃøːfok]
corrimão (m)	korlát	[korlaːt]
hall (m) de entrada	előcsarnok	[ɛløːt͡ʃɒrnok]
caixa (f) de correio	postaláda	[poʃtɒlaːdɒ]
lata (f) do lixo	kuka	[kukɒ]
calha (f) de lixo	szemétledobó	[sɛmeːt lɛdoboː]
elevador (m)	lift	[lift]
elevador (m) de carga	teherfelvonó	[tɛhɛr fɛlvonoː]
cabine (f)	fülke	[fylkɛ]
pegar o elevador	lifttel megy	[lifttɛl mɛɟ]
apartamento (m)	lakás	[lɒkaːʃ]
residentes (pl)	lakók	[lɒkoːk]
vizinho (m)	szomszéd	[somseːd]
vizinha (f)	szomszéd	[somseːd]
vizinhos (pl)	szomszédok	[somseːdok]

84. Casa. Portas. Fechaduras

porta (f)	ajtó	[ɒjtoː]
portão (m)	kapu	[kɒpu]
maçaneta (f)	kilincs	[kilint͡ʃ]
destrancar (vt)	kinyit	[kiɲit]
abrir (vt)	kinyit	[kiɲit]
fechar (vt)	bezár	[bɛzaːr]
chave (f)	kulcs	[kult͡ʃ]
molho (m)	kulcscsomó	[kult͡ʃ t͡ʃomoː]
ranger (vi)	nyikorog	[ɲikorog]
rangido (m)	nyikorgás	[ɲikorgaːʃ]
dobradiça (f)	zsanér	[ʒaneːr]
capacho (m)	lábtörlő	[laːptørløː]
fechadura (f)	zár	[zaːr]
buraco (m) da fechadura	zárlyuk	[zaːrjuk]
barra (f)	retesz	[rɛtɛs]
fecho (ferrolho pequeno)	tolózár	[toloːzaːr]
cadeado (m)	lakat	[lɒkɒt]
tocar (vt)	csenget	[t͡ʃɛŋgɛt]
toque (m)	csengetés	[t͡ʃɛŋgɛteːʃ]
campainha (f)	csengő	[t͡ʃɛŋgøː]
botão (m)	gomb	[gomb]
batida (f)	kopogás	[kopogaːʃ]
bater (vi)	kopog	[kopog]
código (m)	kód	[koːd]
fechadura (f) de código	kódzár	[koːdzaːr]

interfone (m)	kaputelefon	[koputɛlɛfon]
número (m)	szám	[saːm]
placa (f) de porta	felirat	[fɛlirɒt]
olho (m) mágico	kukucskáló	[kukutʃkaːloː]

85. Casa de campo

| aldeia (f) | falu | [fɒlu] |
| horta (f) | konyhakert | [koɲhɒkɛrt] |

cerca (f)	kerítés	[kɛriːteːʃ]
cerca (f) de piquete	kerítés	[kɛriːteːʃ]
portão (f) do jardim	kiskapu	[kiʃkɒpu]

celeiro (m)	magtár	[mɒgtaːr]
adega (f)	pince	[pintsɛ]
galpão, barracão (m)	pajta	[pɒjtɒ]
poço (m)	kút	[kuːt]

| fogão (m) | kemence | [kɛmɛntsɛ] |
| atiçar o fogo | begyújt | [bɛɟuːjt] |

| lenha (carvão ou ~) | tűzifa | [tyːzifɒ] |
| acha, lenha (f) | fahasáb | [fɒhɒʃaːb] |

varanda (f)	veranda	[vɛrɒndɒ]
alpendre (m)	terasz	[tɛrɒs]
degraus (m pl) de entrada	feljárat	[fɛljaːrɒt]
balanço (m)	hinta	[hintɒ]

86. Castelo. Palácio

castelo (m)	kastély	[kɒʃteːj]
palácio (m)	palota	[pɒlotɒ]
fortaleza (f)	erőd	[ɛrøːd]

muralha (f)	fal	[fɒl]
torre (f)	torony	[toroɲ]
calabouço (m)	főtorony	[føːtoroɲ]

grade (f) levadiça	felvonókapu	[fɛlvonoː kɒpu]
passagem (f) subterrânea	föld alatti járat	[føld ɒlɒtti jaːrɒt]
fosso (m)	árok	[aːrok]

| corrente, cadeia (f) | lánc | [laːnts] |
| seteira (f) | lőrés | [løːreːʃ] |

| magnífico (adj) | nagyszerű | [nɒɟsɛry:] |
| majestoso (adj) | magasztos | [mɒgɒstoʃ] |

| inexpugnável (adj) | bevehetetlen | [bɛvɛhɛtɛtlɛn] |
| medieval (adj) | középkori | [køzeːpkori] |

87. Apartamento

apartamento (m)	lakás	[lɒka:ʃ]
quarto, cômodo (m)	szoba	[sobɒ]
quarto (m) de dormir	hálószoba	[ha:lo:sobɒ]
sala (f) de jantar	ebédlő	[ɛbe:dlø:]
sala (f) de estar	nappali	[nɒppɒli]
escritório (m)	dolgozószoba	[dolgozo:sobɒ]
sala (f) de entrada	előszoba	[ɛlø:sobɒ]
banheiro (m)	fürdőszoba	[fyrdø:sobɒ]
lavabo (m)	vécé	[ve:tse:]
teto (m)	mennyezet	[mɛnɲɛzɛt]
chão, piso (m)	padló	[pɒdlo:]
canto (m)	sarok	[ʃɒrok]

88. Apartamento. Limpeza

arrumar, limpar (vt)	takarít	[tɒkɒri:t]
guardar (no armário, etc.)	eltesz	[ɛltɛs]
pó (m)	por	[por]
empoeirado (adj)	poros	[poroʃ]
tirar o pó	port töröl	[port tørøl]
aspirador (m)	porszívó	[porsi:vo:]
aspirar (vt)	porszívózik	[porsi:vo:zik]
varrer (vt)	söpör	[ʃøpør]
sujeira (f)	szemét	[sɛme:t]
arrumação, ordem (f)	rend	[rɛnd]
desordem (f)	rendetlenség	[rɛndɛtlɛnʃe:g]
esfregão (m)	seprő	[ʃɛprø:]
pano (m), trapo (m)	rongy	[roɲj]
vassoura (f)	söprű	[ʃɛpry:]
pá (f) de lixo	lapát	[lɒpa:t]

89. Mobiliário. Interior

mobiliário (m)	bútor	[bu:tor]
mesa (f)	asztal	[ɒstɒl]
cadeira (f)	szék	[se:k]
cama (f)	ágy	[a:ɟ]
sofá, divã (m)	dívány	[di:va:ɲ]
poltrona (f)	fotel	[fotɛl]
estante (f)	könyvszekrény	[køɲvsɛkre:ɲ]
prateleira (f)	könyvpolc	[køɲvpolts]
guarda-roupas (m)	ruhaszekrény	[ruhɒ sɛkre:ɲ]
cabide (m) de parede	ruhatartó	[ruhɒtɒrto:]

cabideiro (m) de pé	fogas	[fogɒʃ]
cômoda (f)	komód	[komo:d]
mesinha (f) de centro	dohányzóasztal	[doha:ɲzo:ɒstɒl]

espelho (m)	tükör	[tykør]
tapete (m)	szőnyeg	[sø:nɛg]
tapete (m) pequeno	kis szőnyeg	[kiʃ sø:nɛg]

lareira (f)	kandalló	[kɒndɒllo:]
vela (f)	gyertya	[ɟɛrcɒ]
castiçal (m)	gyertyatartó	[ɟɛrcɒtɒrto:]

cortinas (f pl)	függöny	[fyggøɲ]
papel (m) de parede	tapéta	[tɒpe:tɒ]
persianas (f pl)	redőny	[rɛdø:ɲ]

luminária (f) de mesa	asztali lámpa	[ɒstɒli la:mpɒ]
luminária (f) de parede	lámpa	[la:mpɒ]
abajur (m) de pé	állólámpa	[a:llo:la:mpɒ]
lustre (m)	csillár	[ʧilla:r]

pé (de mesa, etc.)	láb	[la:b]
braço, descanso (m)	kartámla	[kɒrta:mlɒ]
costas (f pl)	támla	[ta:mlɒ]
gaveta (f)	fiók	[fio:k]

90. Quarto de dormir

roupa (f) de cama	ágynemű	[a:ɟnɛmy:]
travesseiro (m)	párna	[pa:rnɒ]
fronha (f)	párnahuzat	[pa:rnɒhuzɒt]
cobertor (m)	takaró	[tɒkɒro:]
lençol (m)	lepedő	[lɛpɛdø:]
colcha (f)	takaró	[tɒkɒro:]

91. Cozinha

cozinha (f)	konyha	[koɲhɒ]
gás (m)	gáz	[ga:z]
fogão (m) a gás	gáztűzhely	[ga:zty:zhɛj]
fogão (m) elétrico	elektromos tűzhely	[ɛlɛktromoʃ ty:shɛj]
forno (m)	sütő	[ʃytø:]
forno (m) de micro-ondas	mikrohullámú sütő	[mikrohulla:mu: ʃytø:]

geladeira (f)	hűtőszekrény	[hy:tø:sɛkre:ɲ]
congelador (m)	fagyasztóláda	[fɒɟɒsto:la:dɒ]
máquina (f) de lavar louça	mosogatógép	[moʃogɒto:ge:p]

moedor (m) de carne	húsdaráló	[hu:ʃdɒra:lo:]
espremedor (m)	gyümölcscentrifuga	[ɟymølʧ tsɛntrifugɒ]
torradeira (f)	kenyérpirító	[kɛnɛ:rpiri:to:]
batedeira (f)	turmixgép	[turmiksge:p]

máquina (f) de café	kávéfőző	[ka:ve:fø:zø:]
cafeteira (f)	kávéskanna	[ka:ve:ʃkɒnnɒ]
moedor (m) de café	kávéőrlő	[ka:ve:ø:rlø:]

chaleira (f)	kanna	[kɒnnɒ]
bule (m)	teáskanna	[tɛa:ʃkɒnnɒ]
tampa (f)	fedél	[fɛde:l]
coador (m) de chá	szűrő	[sy:rø:]

colher (f)	kanál	[kɒna:l]
colher (f) de chá	teáskanál	[tɛa:ʃkɒna:l]
colher (f) de sopa	evőkanál	[ɛvø:kɒna:l]
garfo (m)	villa	[villɒ]
faca (f)	kés	[ke:ʃ]

louça (f)	edény	[ɛde:ɲ]
prato (m)	tányér	[ta:ne:r]
pires (m)	csészealj	[ʧe:sɛɒj]

cálice (m)	kupica	[kupitsɒ]
copo (m)	pohár	[poha:r]
xícara (f)	csésze	[ʧe:sɛ]

açucareiro (m)	cukortartó	[tsukortɒrto:]
saleiro (m)	sótartó	[ʃo:tɒrto:]
pimenteiro (m)	borstartó	[borʃtɒrto:]
manteigueira (f)	vajtartó	[vɒj tɒrto:]

panela (f)	lábas	[la:bɒʃ]
frigideira (f)	serpenyő	[ʃɛrpɛɲø:]
concha (f)	merőkanál	[mɛrø:kɒna:l]
coador (m)	tésztaszűrő	[te:stɒsy:rø:]
bandeja (f)	tálca	[ta:ltsɒ]

garrafa (f)	palack, üveg	[pɒlɒsk], [yvɛg]
pote (m) de vidro	befőttes üveg	[bɛfø:tɛs yvɛg]
lata (~ de cerveja)	bádogdoboz	[ba:dogdoboz]

abridor (m) de garrafa	üvegnyitó	[yvɛg ɲito:]
abridor (m) de latas	konzervnyitó	[konzɛrv ɲito:]
saca-rolhas (m)	dugóhúzó	[dugo:hu:zo:]
filtro (m)	filter	[filtɛr]
filtrar (vt)	szűr	[sy:r]

| lixo (m) | szemét | [sɛme:t] |
| lixeira (f) | kuka | [kukɒ] |

92. Casa de banho

banheiro (m)	fürdőszoba	[fyrdø:sobɒ]
água (f)	víz	[vi:z]
torneira (f)	csap	[ʧɒp]
água (f) quente	meleg víz	[mɛlɛg vi:z]
água (f) fria	hideg víz	[hidɛg vi:z]

pasta (f) de dente	fogkrém	[fogkre:m]
escovar os dentes	fogat mos	[fogɒt moʃ]
barbear-se (vr)	borotválkozik	[borotva:lkozik]
espuma (f) de barbear	borotvahab	[borotvɒhɒb]
gilete (f)	borotva	[borotvɒ]
lavar (vt)	mos	[moʃ]
tomar banho	mosakodik	[moʃɒkodik]
chuveiro (m), ducha (f)	zuhany	[zuhɒɲ]
tomar uma ducha	zuhanyozik	[zuhɒɲozik]
banheira (f)	fürdőkád	[fyrdø:ka:d]
vaso (m) sanitário	vécékagyló	[ve:tse: kɒɟlo:]
pia (f)	mosdókagyló	[moʒdo:kɒɟlo:]
sabonete (m)	szappan	[sɒppɒn]
saboneteira (f)	szappantartó	[sɒppɒntɒrto:]
esponja (f)	szivacs	[sivɒtʃ]
xampu (m)	sampon	[ʃɒmpon]
toalha (f)	törülköző	[tørylkøzø:]
roupão (m) de banho	köntös	[køntøʃ]
lavagem (f)	mosás	[moʃa:ʃ]
lavadora (f) de roupas	mosógép	[moʃo:ge:p]
lavar a roupa	ruhát mos	[ruha:t moʃ]
detergente (m)	mosópor	[moʃo:por]

93. Eletrodomésticos

televisor (m)	televízió	[tɛlɛvi:zio:]
gravador (m)	magnó	[mɒgno:]
videogravador (m)	videomagnó	[vidɛomɒgno:]
rádio (m)	vevőkészülék	[vɛvø:ke:syle:k]
leitor (m)	sétálómagnó	[ʃe:ta:lo: mɒgno:]
projetor (m)	videovetítő	[vidɛovɛti:tø:]
cinema (m) em casa	házimozi	[ha:zimozi]
DVD Player (m)	DVDlejátszó	[dɛvɛdɛlɛja:tso:]
amplificador (m)	erősítő	[ɛrø:ʃi:tø:]
console (f) de jogos	videojáték	[vidɛoja:te:k]
câmera (f) de vídeo	videokamera	[vidɛokɒmɛrɒ]
máquina (f) fotográfica	fényképezőgép	[fe:ɲke:pɛzø:ge:p]
câmera (f) digital	digitális	[digita:liʃ]
	fényképezőgép	fe:ɲke:pɛzø:ge:p]
aspirador (m)	porszívó	[porsi:vo:]
ferro (m) de passar	vasaló	[vɒʃɒlo:]
tábua (f) de passar	vasalódeszka	[vɒʃɒlo:dɛskɒ]
telefone (m)	telefon	[tɛlɛfon]
celular (m)	mobiltelefon	[mobiltɛlɛfon]

| máquina (f) de escrever | írógép | [i:ro:ge:p] |
| máquina (f) de costura | varrógép | [vɒrro:ge:p] |

microfone (m)	mikrofon	[mikrofon]
fone (m) de ouvido	fejhallgató	[fɛlhɒllgɒto:]
controle remoto (m)	távkapcsoló	[ta:v kɒpt͡ʃolo:]

CD (m)	CDlemez	[tsɛdɛlɛmɛz]
fita (f) cassete	kazetta	[kɒzɛttɒ]
disco (m) de vinil	lemez	[lɛmɛz]

94. Reparações. Renovação

renovação (f)	felújítás	[fɛlu:ji:ta:ʃ]
renovar (vt), fazer obras	renovál	[rɛnova:l]
reparar (vt)	javít	[jɒvi:t]
consertar (vt)	rendbe hoz	[rɛndbɛ hoz]
refazer (vt)	újra csinál	[u:jrɒ t͡ʃina:l]

tinta (f)	festék	[fɛʃte:k]
pintar (vt)	fest	[fɛʃt]
pintor (m)	festő	[fɛʃtø:]
pincel (m)	ecset	[ɛt͡ʃɛt]

| cal (f) | mészfesték | [me:sfɛʃte:k] |
| caiar (vt) | meszel | [mɛsɛl] |

papel (m) de parede	tapéta	[tɒpe:tɒ]
colocar papel de parede	tapétáz	[tɒpe:ta:z]
verniz (m)	lakk	[lɒkk]
envernizar (vt)	lakkoz	[lɒkkoz]

95. Canalizações

água (f)	víz	[vi:z]
água (f) quente	meleg víz	[mɛlɛg vi:z]
água (f) fria	hideg víz	[hidɛg vi:z]
torneira (f)	csap	[t͡ʃɒp]

gota (f)	csepp	[t͡ʃɛpp]
gotejar (vi)	csepeg	[t͡ʃɛpɛg]
vazar (vt)	szivárog	[siva:rog]
vazamento (m)	szivárgás	[siva:rga:s]
poça (f)	tócsa	[to:t͡ʃɒ]

tubo (m)	cső	[t͡ʃø:]
válvula (f)	szelep	[sɛlɛp]
entupir-se (vr)	eldugul	[ɛldugul]

ferramentas (f pl)	szerszámok	[sɛrsa:mok]
chave (f) inglesa	állítható csavarkulcs	[a:lli:thɒto: t͡ʃɒvɒrkult͡ʃ]
desenroscar (vt)	kicsavar	[kit͡ʃɒvɒr]

enroscar (vt)	becsavar	[bɛ͡ʧɒvɒr]
desentupir (vt)	kitisztít	[kitisti:t]
encanador (m)	vízvezetékszerelő	[vi:zvɛzɛte:ksɛrɛlø:]
porão (m)	pince	[pintsɛ]
rede (f) de esgotos	csatornázás	[͡ʧɒtorna:za:ʃ]

96. Fogo. Deflagração

incêndio (m)	tűz	[ty:z]
chama (f)	láng	[la:ŋg]
faísca (f)	szikra	[sikrɒ]
fumaça (f)	füst	[fyʃt]
tocha (f)	fáklya	[fa:kjɒ]
fogueira (f)	tábortűz	[ta:borty:z]

gasolina (f)	benzin	[bɛnzin]
querosene (m)	kerozin	[kɛrozin]
inflamável (adj)	gyúlékony	[ɟu:le:koɲ]
explosivo (adj)	robbanásveszélyes	[robbɒna:ʃ vɛse:jɛʃ]
PROIBIDO FUMAR!	DOHÁNYOZNI TILOS!	[doha:nøzni tiloʃ]

segurança (f)	biztonság	[bistonʃa:g]
perigo (m)	veszély	[vɛse:j]
perigoso (adj)	veszélyes	[vɛse:jɛʃ]

incendiar-se (vr)	meggyullad	[mɛɟɟyllɒd]
explosão (f)	robbanás	[robbɒna:ʃ]
incendiar (vt)	felgyújt	[fɛlɟu:jt]
incendiário (m)	gyújtogató	[ɟu:jtogɒto:]
incêndio (m) criminoso	gyújtogatás	[ɟu:jtogɒta:ʃ]

flamejar (vi)	lángol	[la:ŋgol]
queimar (vi)	ég	[e:g]
queimar tudo (vi)	leég	[le:ɛg]

bombeiro (m)	tűzoltó	[ty:zolto:]
caminhão (m) de bombeiros	tűzoltóautó	[ty:zolto:ɒuto:]
corpo (m) de bombeiros	tűzoltócsapat	[ty:zolto: ͡ʧɒpɒt]

mangueira (f)	tűzoltótömlő	[ty:zolto:tømlø:]
extintor (m)	tűzoltó készülék	[ty:zolto: ke:syle:k]
capacete (m)	sisak	[ʃiʃɒk]
sirene (f)	riadó	[riɒdo:]

gritar (vi)	kiabál	[kiɒba:l]
chamar por socorro	segítségre hív	[ʃɛgi:͡ʧe:grɛ hi:v]
socorrista (m)	mentő	[mɛntø:]
salvar, resgatar (vt)	megment	[mɛgmɛnt]

chegar (vi)	érkezik	[e:rkɛzik]
apagar (vt)	olt	[olt]
água (f)	víz	[vi:z]
areia (f)	homok	[homok]
ruínas (f pl)	romok	[romok]

ruir (vi)	beomlik	[bɛomlik]
desmoronar (vi)	leomlik	[lɛomlik]
desabar (vi)	összedől	[øssɛdø:l]

| fragmento (m) | töredék | [tørɛde:k] |
| cinza (f) | hamu | [hɒmu] |

| sufocar (vi) | megfullad | [mɛgfullɒd] |
| perecer (vi) | elpusztul | [ɛlpustul] |

ATIVIDADES HUMANAS

Emprego. Negócios. Parte 1

97. Banca

| banco (m) | bank | [bɒŋk] |
| balcão (f) | fiók | [fio:k] |

| consultor (m) bancário | tanácsadó | [tɒna:tʃɒdo:] |
| gerente (m) | vezető | [vɛzɛtø:] |

conta (f)	számla	[sa:mlɒ]
número (m) da conta	számlaszám	[sa:mlɒsa:m]
conta (f) corrente	folyószámla	[fojo:sa:mlɒ]
conta (f) poupança	megtakarítási számla	[mɛgtɒkɒrita:ʃi sa:mlɒ]

abrir uma conta	számlát nyit	[sa:mla:t nit]
fechar uma conta	zárolja a számlát	[za:rojɒ ɒ sa:mla:t]
depositar na conta	számlára tesz	[sa:mla:rɒ tɛs]
sacar (vt)	számláról lehív	[sa:mla:ro:l lɛhi:v]

depósito (m)	betét	[bɛte:t]
fazer um depósito	pénzt betesz	[pe:nst bɛtɛs]
transferência (f) bancária	átutalás	[a:tutɒla:ʃ]
transferir (vt)	pénzt átutal	[pe:nst a:tutɒl]

| soma (f) | összeg | [øssɛg] |
| Quanto? | Mennyi? | [mɛnɲi] |

| assinatura (f) | aláírás | [ɒla:i:ra:ʃ] |
| assinar (vt) | aláír | [ɒla:i:r] |

| cartão (m) de crédito | hitelkártya | [hitɛlka:rcɒ] |
| senha (f) | kód | [ko:d] |

| número (m) do cartão de crédito | hitelkártya száma | [hitɛlka:rcɒ sa:mɒ] |

| caixa (m) eletrônico | bankautomata | [bɒŋk ɒutomɒtɒ] |

cheque (m)	csekk	[tʃɛkk]
passar um cheque	kiállítja a csekket	[kia:lli:cɒ ɒ tʃɛkkɛt]
talão (m) de cheques	csekkkönyv	[tʃɛkkkøɲv]

empréstimo (m)	hitel	[hitɛl]
pedir um empréstimo	hitelért fordul	[hitɛle:rt fordul]
obter empréstimo	hitelt felvesz	[hitɛlt fɛlvɛs]
dar um empréstimo	hitelt nyújt	[hitɛlt nju:jt]
garantia (f)	biztosíték	[bistoʃi:te:k]

98. Telefone. Conversação telefônica

telefone (m)	telefon	[tɛlɛfon]
celular (m)	mobiltelefon	[mobiltɛlɛfon]
secretária (f) eletrônica	üzenetrögzítő	[yzɛnɛt røgziːtøː]
fazer uma chamada	felhív	[fɛlhiːv]
chamada (f)	felhívás	[fɛlhiːvaːʃ]
discar um número	telefonszámot tárcsáz	[tɛlɛfonsaːmot taːrt͡ʃaːz]
Alô!	Halló!	[hɒlloː]
perguntar (vt)	kérdez	[keːrdɛz]
responder (vt)	válaszol	[vaːlɒsol]
ouvir (vt)	hall	[hɒll]
bem	jól	[joːl]
mal	rosszul	[rossul]
ruído (m)	zavar	[zɒvɒr]
fone (m)	kagyló	[kɒɟloː]
pegar o telefone	kagylót felvesz	[kɒɟloːt fɛlvɛs]
desligar (vi)	kagylót letesz	[kɒɟloːt lɛtɛs]
ocupado (adj)	foglalt	[foglɒlt]
tocar (vi)	csörög	[t͡ʃørøg]
lista (f) telefônica	telefonkönyv	[tɛlɛfoŋkøɲv]
local (adj)	helyi	[hɛji]
de longa distância	interurbán	[intɛrurbaːn]
internacional (adj)	nemzetközi	[nɛmzɛtkøzi]

99. Telefone móvel

celular (m)	mobiltelefon	[mobiltɛlɛfon]
tela (f)	kijelző	[kijɛlzøː]
botão (m)	gomb	[gomb]
cartão SIM (m)	SIM kártya	[sim kaːrcɒ]
bateria (f)	akkumulátor	[ɒkkumulaːtor]
descarregar-se (vr)	kisül	[kiʃyl]
carregador (m)	telefontöltő	[tɛlɛfon tøltøː]
menu (m)	menü	[mɛny]
configurações (f pl)	beállítások	[bɛaːlliːtaːʃok]
melodia (f)	dallam	[dɒllɒm]
escolher (vt)	választ	[vaːlɒst]
calculadora (f)	kalkulátor	[kɒlkulaːtor]
correio (m) de voz	üzenetrögzítő	[yzɛnɛt røgziːtøː]
despertador (m)	ébresztőóra	[eːbrɛstøːoːrɒ]
contatos (m pl)	telefonkönyv	[tɛlɛfoŋkøɲv]
mensagem (f) de texto	SMS	[ɛʃɛmɛʃ]
assinante (m)	előfizető	[ɛløːfizɛtøː]

100. Estacionário

caneta (f)	golyóstoll	[gojo:ʃtoll]
caneta (f) tinteiro	töltőtoll	[tøltø:toll]
lápis (m)	ceruza	[tsɛruzɒ]
marcador (m) de texto	filctoll	[filtstoll]
caneta (f) hidrográfica	filctoll	[filtstoll]
bloco (m) de notas	notesz	[notɛs]
agenda (f)	határidőnapló	[hɒta:ridø:nɒplo:]
régua (f)	vonalzó	[vonɒlzo:]
calculadora (f)	kalkulátor	[kɒlkula:tor]
borracha (f)	radír	[rɒdi:r]
alfinete (m)	rajzszeg	[rɒjzsɛg]
clipe (m)	gémkapocs	[ge:mkɒpotʃ]
cola (f)	ragasztó	[rɒgɒsto:]
grampeador (m)	tűzőgép	[ty:zø:ge:p]
furador (m) de papel	lyukasztó	[jukɒsto:]
apontador (m)	ceruzahegyező	[tsɛruzɒhɛɟɛzø:]

Emprego. Negócios. Parte 2

101. Media

jornal (m)	újság	[u:jʃa:g]
revista (f)	folyóirat	[fojo:jrɒt]
imprensa (f)	sajtó	[ʃɒjto:]
rádio (m)	rádió	[ra:dio:]
estação (f) de rádio	rádióállomás	[ra:dio:a:lloma:ʃ]
televisão (f)	televízió	[tɛlɛvi:zio:]

apresentador (m)	műsorvezető	[my:ʃor vɛzɛtø:]
locutor (m)	műsorközlő	[my:ʃorkøzlø:]
comentarista (m)	kommentátor	[kommɛnta:tor]

jornalista (m)	újságíró	[u:jʃa:gi:ro:]
correspondente (m)	tudósító	[tudo:ʃi:to:]
repórter (m) fotográfico	fotóriporter	[foto:riportɛr]
repórter (m)	riporter	[riportɛr]

| redator (m) | szerkesztő | [sɛrkɛstø:] |
| redator-chefe (m) | főszerkesztő | [fø:sɛrkɛstø:] |

assinar a ...	előfizet	[ɛlø:fizɛt]
assinatura (f)	előfizetés	[ɛlø:fizɛte:ʃ]
assinante (m)	előfizető	[ɛlø:fizɛtø:]
ler (vt)	olvas	[olvɒʃ]
leitor (m)	olvasó	[olvɒʃo:]

tiragem (f)	példányszám	[pe:lda:ɲsa:m]
mensal (adj)	havi	[hɒvi]
semanal (adj)	heti	[hɛti]
número (jornal, revista)	szám	[sa:m]
recente, novo (adj)	új	[u:j]

manchete (f)	cím	[tsi:m]
pequeno artigo (m)	jegyzet	[jɛɟɛzɛt]
coluna (~ semanal)	állandó rovat	[a:llɒndo: rovɒt]
artigo (m)	cikk	[tsikk]
página (f)	oldal	[oldɒl]

reportagem (f)	riport	[riport]
evento (festa, etc.)	esemény	[ɛʃɛme:ɲ]
sensação (f)	szenzáció	[sɛnza:tsio:]
escândalo (m)	botrány	[botra:ɲ]
escandaloso (adj)	botrányos	[botra:nøʃ]
grande (adj)	hírhedt	[hi:rhɛtt]

| programa (m) | tévéadás | [te:ve:ɒda:ʃ] |
| entrevista (f) | interjú | [intɛrju:] |

| transmissão (f) ao vivo | élő közvetítés | [e:lø: køzvɛti:te:ʃ] |
| canal (m) | csatorna | [ʧɒtornɒ] |

102. Agricultura

agricultura (f)	mezőgazdaság	[mɛzø:gɒzdɒʃa:g]
camponês (m)	paraszt	[pɒrɒst]
camponesa (f)	parasztnő	[pɒrɒstnø:]
agricultor, fazendeiro (m)	gazda	[gɒzdɒ]

| trator (m) | traktor | [trɒktor] |
| colheitadeira (f) | kombájn | [komba:jn] |

arado (m)	eke	[ɛkɛ]
arar (vt)	szánt	[sa:nt]
campo (m) lavrado	szántóföld	[sa:nto:føld]
sulco (m)	barázda	[bɒra:zdɒ]

semear (vt)	elvet	[ɛlvɛt]
plantadeira (f)	vetőgép	[vɛtø:ge:p]
semeadura (f)	vetés	[vɛte:ʃ]

| foice (m) | kasza | [kɒsɒ] |
| cortar com foice | kaszál | [kɒsa:l] |

| pá (f) | lapát | [lɒpa:t] |
| cavar (vt) | ás | [a:ʃ] |

enxada (f)	kapa	[kɒpɒ]
capinar (vt)	gyomlál	[ɟomla:l]
erva (f) daninha	gyom	[ɟom]

regador (m)	öntözőkanna	[øntøzø:kɒnnɒ]
regar (plantas)	öntöz	[øntøz]
rega (f)	öntözés	[øntøze:ʃ]

| forquilha (f) | vasvilla | [vɒʃvillɒ] |
| ancinho (m) | gereblye | [gɛrɛbjɛ] |

fertilizante (m)	trágya	[tra:ɟo]
fertilizar (vt)	trágyáz	[tra:ɟa:z]
estrume, esterco (m)	trágya	[tra:ɟo]

campo (m)	mező	[mɛzø:]
prado (m)	rét	[re:t]
horta (f)	konyhakert	[koɲhɒkɛrt]
pomar (m)	gyümölcsöskert	[ɟymølʧøʃkɛrt]

pastar (vt)	legeltet	[lɛgɛltɛt]
pastor (m)	pásztor	[pa:stor]
pastagem (f)	legelő	[lɛgɛlø:]

| pecuária (f) | állattenyésztés | [a:llɒt tɛne:ste:ʃ] |
| criação (f) de ovelhas | juhtenyésztés | [juhtɛne:ste:ʃ] |

plantação (f)	ültetvény	[yltɛtve:ɲ]
canteiro (m)	veteményes ágy	[vɛtɛme:nɛʃ a:ɟ]
estufa (f)	melegház	[mɛlɛkha:z]

| seca (f) | aszály | [ɒsa:j] |
| seco (verão ~) | aszályos | [ɒsa:joʃ] |

| cereais (m pl) | gabonafélék | [gɒbonɒfe:le:k] |
| colher (vt) | betakarít | [bɛtɒkɒri:t] |

moleiro (m)	molnár	[molna:r]
moinho (m)	malom	[mɒlom]
moer (vt)	őröl	[ø:røl]
farinha (f)	liszt	[list]
palha (f)	szalma	[sɒlmɒ]

103. Construção. Processo de construção

canteiro (m) de obras	építkezés	[e:pi:tkɛze:ʃ]
construir (vt)	épít	[e:pi:t]
construtor (m)	építő	[e:pi:tø:]

projeto (m)	terv	[tɛrv]
arquiteto (m)	építész	[e:pi:te:s]
operário (m)	munkás	[muŋka:ʃ]

fundação (f)	alapzat	[ɒlɒpzɒt]
telhado (m)	tető	[tɛtø:]
estaca (f)	cölöp	[tsøløp]
parede (f)	fal	[fɒl]

| colunas (f pl) de sustentação | betétvas | [bɛte:tvɒʃ] |
| andaime (m) | állványzat | [a:llva:ɲzɒt] |

concreto (m)	beton	[bɛton]
granito (m)	gránit	[gra:nit]
pedra (f)	kő	[kø:]
tijolo (m)	tégla	[te:glɒ]

areia (f)	homok	[homok]
cimento (m)	cement	[tsɛmɛnt]
emboço, reboco (m)	vakolat	[vɒkolɒt]
emboçar, rebocar (vt)	vakol	[vɒkol]

tinta (f)	festék	[fɛʃte:k]
pintar (vt)	fest	[fɛʃt]
barril (m)	hordó	[hordo:]

grua (f), guindaste (m)	daru	[dɒru]
erguer (vt)	felemel	[fɛlɛmɛl]
baixar (vt)	leenged	[lɛɛŋgɛd]

| buldózer (m) | buldózer | [buldo:zɛr] |
| escavadora (f) | kotrógép | [kotro:ge:p] |

95

caçamba (f)	**kotróserleg**	[kotro:ʃɛrlɛg]
escavar (vt)	**ás**	[a:ʃ]
capacete (m) de proteção	**sisak**	[ʃiʃɒk]

Profissões e ocupações

104. Procura de emprego. Demissão

trabalho (m)	munkahely	[muŋkɒhɛj]
equipe (f)	személyzet	[sɛme:jzɛt]
carreira (f)	karrier	[kɒrriɛr]
perspectivas (f pl)	távlat	[ta:vlɒt]
habilidades (f pl)	képesség	[ke:pɛʃe:g]
seleção (f)	kiválasztás	[kiva:lɒsta:ʃ]
agência (f) de emprego	munkaközvetítő	[muŋkɒkøzvɛti:tø:]
currículo (m)	rezümé	[rɛzyme:]
entrevista (f) de emprego	felvételi interjú	[fɛlve:tɛli intɛrju:]
vaga (f)	betöltetlen állás	[bɛtøltɛtlɛn a:lla:ʃ]
salário (m)	fizetés	[fizɛte:ʃ]
salário (m) fixo	bér	[be:r]
pagamento (m)	fizetés	[fizɛte:ʃ]
cargo (m)	állás	[a:lla:ʃ]
dever (do empregado)	kötelezettség	[køtɛlɛzɛttʃe:g]
gama (f) de deveres	munkakör	[muŋkɒkør]
ocupado (adj)	foglalt	[foglɒlt]
despedir, demitir (vt)	elbocsát	[ɛlbotʃa:t]
demissão (f)	elbocsátás	[ɛlbotʃa:ta:ʃ]
desemprego (m)	munkanélküliség	[muŋkɒne:lkyliʃe:g]
desempregado (m)	munkanélküli	[muŋkɒne:lkyli]
aposentadoria (f)	nyugdíj	[ɲugdi:j]
aposentar-se (vr)	nyugdíjba megy	[ɲugdi:jbɒ mɛɟ]

105. Gente de negócios

diretor (m)	igazgató	[igɒzgɒto:]
gerente (m)	vezető	[vɛzɛtø:]
patrão, chefe (m)	főnök	[fø:nøk]
superior (m)	főnök	[fø:nøk]
superiores (m pl)	vezetőség	[vɛzɛtø:ʃe:g]
presidente (m)	elnök	[ɛlnøk]
chairman (m)	elnök	[ɛlnøk]
substituto (m)	helyettes	[hɛjɛttɛʃ]
assistente (m)	segéd	[ʃɛge:d]
secretário (m)	titkár	[titka:r]

secretário (m) pessoal	személyes titkár	[sɛme:jɛʃ titka:r]
homem (m) de negócios	üzletember	[yzlɛtɛmbɛr]
empreendedor (m)	vállakozó	[va:llɒlkozo:]
fundador (m)	alapító	[ɒlɒpi:to:]
fundar (vt)	alapít	[ɒlɒpi:t]

principiador (m)	alapító	[ɒlɒpi:to:]
parceiro, sócio (m)	partner	[pɒrtnɛr]
acionista (m)	részvényes	[re:sve:nɛʃ]

milionário (m)	milliomos	[milliomoʃ]
bilionário (m)	milliárdos	[millia:rdoʃ]
proprietário (m)	tulajdonos	[tulɒjdonoʃ]
proprietário (m) de terras	földbirtokos	[føldbirtokoʃ]

cliente (m)	ügyfél	[yɟfe:l]
cliente (m) habitual	törzsügyfél	[tørʒ yɟfe:l]
comprador (m)	vevő	[vɛvø:]
visitante (m)	látogató	[la:togɒto:]

profissional (m)	szakember	[sɒkɛmbɛr]
perito (m)	szakértő	[sɒke:rtø:]
especialista (m)	specialista	[spɛtsialista]

banqueiro (m)	bankár	[bɒŋka:r]
corretor (m)	ügynök	[yɟnøk]

caixa (m, f)	pénztáros	[pe:nsta:roʃ]
contador (m)	könyvelő	[køɲvɛlø:]
guarda (m)	biztonsági őr	[bistonʃa:gi ø:r]

investidor (m)	befektető	[bɛfɛktɛtø:]
devedor (m)	adós	[ɒdo:ʃ]
credor (m)	hitelező	[hitɛlɛzø:]
mutuário (m)	kölcsönvevő	[kølʧønvɛvø:]

importador (m)	importőr	[importø:r]
exportador (m)	exportőr	[ɛskportø:r]

produtor (m)	gyártó	[ɟa:rto:]
distribuidor (m)	terjesztő	[tɛrjɛstø:]
intermediário (m)	közvetítő	[køzvɛti:tø:]

consultor (m)	tanácsadó	[tɒna:ʧɒdo:]
representante comercial	képviselő	[ke:pviʃɛlø:]
agente (m)	ügynök	[yɟnøk]
agente (m) de seguros	biztosítási ügynök	[bistoʃi:ta:ʃi yɟnøk]

106. Profissões de serviços

cozinheiro (m)	szakács	[sɒka:ʧ]
chefe (m) de cozinha	főszakács	[fø:sɒka:ʧ]
padeiro (m)	pék	[pe:k]
barman (m)	bármixer	[ba:rmiksɛr]

| garçom (m) | pincér | [pintse:r] |
| garçonete (f) | pincérnő | [pintse:rnø:] |

advogado (m)	ügyvéd	[yɪve:d]
jurista (m)	jogász	[joga:s]
notário (m)	közjegyző	[køzjɛɪzø:]

eletricista (m)	villanyszerelő	[villɒŋsɛrɛlø:]
encanador (m)	vízvezetékszerelő	[vi:zvɛzɛte:ksɛrɛlø:]
carpinteiro (m)	ács	[a:ʧ]

massagista (m)	masszírozó	[mɒssi:rozo:]
massagista (f)	masszírozónő	[mɒssi:rozo:nø:]
médico (m)	orvos	[orvoʃ]

taxista (m)	taxis	[tɒksiʃ]
condutor (automobilista)	sofőr	[ʃofø:r]
entregador (m)	küldönc	[kyldønts]

camareira (f)	szobalány	[sobɒla:ɲ]
guarda (m)	biztonsági őr	[bistonʃa:gi ø:r]
aeromoça (f)	légikisasszony	[le:gikiʃɒssoɲ]

professor (m)	tanár	[tɒna:r]
bibliotecário (m)	könyvtáros	[køɲvta:roʃ]
tradutor (m)	fordító	[fordi:to:]
intérprete (m)	tolmács	[tolma:ʧ]
guia (m)	idegenvezető	[idɛgɛn vɛzɛtø:]

cabeleireiro (m)	fodrász	[fodra:s]
carteiro (m)	postás	[poʃta:ʃ]
vendedor (m)	eladó	[ɛlɒdo:]

jardineiro (m)	kertész	[kɛrte:s]
criado (m)	szolga	[solgɒ]
criada (f)	szolgálóleány	[solga:lo: lɛa:ɲ]
empregada (f) de limpeza	takarítónő	[tɒkɒri:to:nø:]

107. Profissões militares e postos

soldado (m) raso	közlegény	[køzlɛge:ɲ]
sargento (m)	szakaszvezető	[sɒkɒsvɛzɛtø:]
tenente (m)	hadnagy	[hɒdnɒɪ]
capitão (m)	százados	[sa:zɒdoʃ]

major (m)	őrnagy	[ø:rnɒɪ]
coronel (m)	ezredes	[ɛzrɛdɛʃ]
general (m)	tábornok	[ta:bornok]
marechal (m)	tábornagy	[ta:bornɒɪ]
almirante (m)	tengernagy	[tɛŋgɛrnɒɪ]

militar (m)	katona	[kɒtonɒ]
soldado (m)	katona	[kɒtonɒ]
oficial (m)	tiszt	[tist]

comandante (m)	parancsnok	[pɒrɒntʃnok]
guarda (m) de fronteira	határőr	[hɒtɑːrøːr]
operador (m) de rádio	rádiós	[raːdioːʃ]
explorador (m)	felderítő	[fɛldɛriːtøː]
sapador-mineiro (m)	árkász	[aːrkaːs]
atirador (m)	lövész	[løveːs]
navegador (m)	kormányos	[kormaːnøʃ]

108. Oficiais. Padres

| rei (m) | király | [kiraːj] |
| rainha (f) | királynő | [kiraːjnøː] |

| príncipe (m) | herceg | [hɛrtsɛg] |
| princesa (f) | hercegnő | [hɛrtsɛgnøː] |

| czar (m) | cár | [tsaːr] |
| czarina (f) | cárné | [tsaːrne] |

presidente (m)	elnök	[ɛlnøk]
ministro (m)	miniszter	[ministɛr]
primeiro-ministro (m)	miniszterelnök	[ministɛrɛlnøk]
senador (m)	szenátor	[sɛnaːtor]

diplomata (m)	diplomata	[diplomɒtɒ]
cônsul (m)	konzul	[konzul]
embaixador (m)	nagykövet	[nɒckøvɛt]
conselheiro (m)	tanácsadó	[tɒnaːtʃɒdoː]

funcionário (m)	hivatalnok	[hivɒtɒlnok]
prefeito (m)	polgármester	[polgaːrmɛʃtɛr]
Presidente (m) da Câmara	polgármester	[polgaːrmɛʃtɛr]

| juiz (m) | bíró | [biːroː] |
| procurador (m) | államügyész | [aːllɒmyɟeːs] |

missionário (m)	hittérítő	[hitteːriːtøː]
monge (m)	barát	[bɒraːt]
abade (m)	apát	[ɒpaːt]
rabino (m)	rabbi	[rɒbbi]

vizir (m)	vezír	[vɛziːr]
xá (m)	sah	[ʃɒh]
xeique (m)	sejk	[ʃɛjk]

109. Profissões agrícolas

abelheiro (m)	méhész	[meːheːs]
pastor (m)	pásztor	[paːstor]
agrônomo (m)	agronómus	[ɒgronoːmuʃ]
criador (m) de gado	állattenyésztő	[aːllɒt tɛneːstøː]
veterinário (m)	állatorvos	[aːllɒt orvoʃ]

agricultor, fazendeiro (m)	gazda	[gɒzdɒ]
vinicultor (m)	bortermelő	[bortɛrmɛlø:]
zoólogo (m)	zoológus	[zoolo:guʃ]
vaqueiro (m)	cowboy	[kovboj]

110. Profissões artísticas

| ator (m) | színész | [si:ne:s] |
| atriz (f) | színésznő | [si:ne:snø:] |

| cantor (m) | énekes | [e:nɛkɛʃ] |
| cantora (f) | énekesnő | [e:nɛkɛʃnø:] |

| bailarino (m) | táncos | [ta:ntsoʃ] |
| bailarina (f) | táncos nő | [ta:ntsoʃ nø:] |

| artista (m) | művész | [my:ve:s] |
| artista (f) | művésznő | [my:ve:snø:] |

músico (m)	zenész	[zɛne:s]
pianista (m)	zongoraművész	[zoŋgorɒmy:ve:s]
guitarrista (m)	gitáros	[gita:roʃ]

maestro (m)	karmester	[kɒrmɛʃtɛr]
compositor (m)	zeneszerző	[zɛnɛsɛrzø:]
empresário (m)	impresszárió	[imprɛssa:rio:]

diretor (m) de cinema	rendező	[rɛndɛzø:]
produtor (m)	producer	[produsɛr]
roteirista (m)	forgatókönyvíró	[forgɒto:køɲvi:ro:]
crítico (m)	kritikus	[kritikuʃ]

escritor (m)	író	[i:ro:]
poeta (m)	költő	[køltø:]
escultor (m)	szobrász	[sobra:s]
pintor (m)	festő	[fɛʃtø:]

malabarista (m)	zsonglőr	[ʒoŋglø:r]
palhaço (m)	bohóc	[boho:ts]
acrobata (m)	akrobata	[ɒkrobɒtɒ]
ilusionista (m)	bűvész	[by:ve:s]

111. Várias profissões

médico (m)	orvos	[orvoʃ]
enfermeira (f)	nővér	[nø:ve:r]
psiquiatra (m)	elmeorvos	[ɛlmɛorvoʃ]
dentista (m)	fogorvos	[fogorvoʃ]
cirurgião (m)	sebész	[ʃɛbe:s]

| astronauta (m) | űrhajós | [y:rhɒjo:ʃ] |
| astrônomo (m) | csillagász | [ʧillɒga:s] |

piloto (m)	pilóta	[pilo:tɒ]
motorista (m)	sofőr	[ʃofø:r]
maquinista (m)	vezető	[vɛzɛtø:]
mecânico (m)	gépész	[ge:pe:s]

mineiro (m)	bányász	[ba:nja:s]
operário (m)	munkás	[muŋka:ʃ]
serralheiro (m)	lakatos	[lɒkɒtoʃ]
marceneiro (m)	asztalos	[ɒstɒloʃ]
torneiro (m)	esztergályos	[ɛstɛrga:joʃ]
construtor (m)	építő	[e:pi:tø:]
soldador (m)	hegesztő	[hɛgɛstø:]

professor (m)	professzor	[profɛssor]
arquiteto (m)	építész	[e:pi:te:s]
historiador (m)	történész	[tørte:ne:s]
cientista (m)	tudós	[tudo:ʃ]
físico (m)	fizikus	[fizikuʃ]
químico (m)	vegyész	[vɛɟe:s]

arqueólogo (m)	régész	[re:ge:s]
geólogo (m)	geológus	[gɛolo:guʃ]
pesquisador (cientista)	kutató	[kutɒto:]

| babysitter, babá (f) | dajka | [dɒjkɒ] |
| professor (m) | tanár | [tɒna:r] |

redator (m)	szerkesztő	[sɛrkɛstø:]
redator-chefe (m)	főszerkesztő	[fø:sɛrkɛstø:]
correspondente (m)	tudósító	[tudo:ʃi:to:]
datilógrafa (f)	gépírónő	[ge:pi:ro:nø:]

designer (m)	formatervező	[formɒtɛrvɛzø:]
especialista (m) em informática	számítógép speciálista	[sa:mi:to:ge:p ʃpɛtsia:liʃtɒ]
programador (m)	programozó	[progrɒmozo:]
engenheiro (m)	mérnök	[me:rnøk]

marujo (m)	tengerész	[tɛŋgɛre:s]
marinheiro (m)	tengerész	[tɛŋgɛre:s]
socorrista (m)	mentő	[mɛntø:]

bombeiro (m)	tűzoltó	[ty:zolto:]
polícia (m)	rendőr	[rɛndø:r]
guarda-noturno (m)	éjjeliőr	[e:jjɛliø:r]
detetive (m)	nyomozó	[ɲomozo:]

funcionário (m) da alfândega	vámos	[va:moʃ]
guarda-costas (m)	testőr	[tɛʃtø:r]
guarda (m) prisional	börtönőr	[børtønø:r]
inspetor (m)	felügyelő	[fɛlyɟɛlø:]

esportista (m)	sportoló	[ʃportolo:]
treinador (m)	edző	[ɛdzø:]
açougueiro (m)	hentes	[hɛntɛʃ]
sapateiro (m)	cipész	[tsipe:s]

comerciante (m)	kereskedő	[kɛrɛʃkɛdø:]
carregador (m)	rakodómunkás	[rɒkodo:muŋka:ʃ]
estilista (m)	divattervező	[divɒt tɛrvɛzø:]
modelo (f)	modell	[modɛll]

112. Ocupações. Estatuto social

estudante (~ de escola)	diák	[dia:k]
estudante (~ universitária)	hallgató	[hɒllgɒto:]
filósofo (m)	filozófus	[filozo:fuʃ]
economista (m)	közgazdász	[køzgɒzda:ʃ]
inventor (m)	feltaláló	[fɛltɒla:lo:]
desempregado (m)	munkanélküli	[muŋkɒne:lkyli]
aposentado (m)	nyugdíjas	[ɲugdi:jɒʃ]
espião (m)	kém	[ke:m]
preso, prisioneiro (m)	fogoly	[fogoj]
grevista (m)	sztrájkoló	[stra:jkolo:]
burocrata (m)	bürokrata	[byrokrɒtɒ]
viajante (m)	utazó	[utɒzo:]
homossexual (m)	homoszexuális	[homosɛksua:liʃ]
hacker (m)	hacker	[hɒkɛr]
bandido (m)	bandita	[bɒnditɒ]
assassino (m)	bérgyilkos	[be:rɟilkoʃ]
drogado (m)	narkós	[nɒrko:ʃ]
traficante (m)	kábítószerkereskedő	[ka:bi:to:sɛrkɛrɛʃkɛdø]
prostituta (f)	prostituált	[proʃtitua:lt]
cafetão (m)	strici	[ʃtritsi]
bruxo (m)	varázsló	[vɒra:ʒlo:]
bruxa (f)	boszorkány	[bosorka:ɲ]
pirata (m)	kalóz	[kɒlo:z]
escravo (m)	rab	[rɒb]
samurai (m)	szamuráj	[sɒmura:j]
selvagem (m)	vadember	[vɒdɛmbɛr]

Desportos

113. Tipos de desportos. Desportistas

esportista (m)	sportoló	[ʃportolo:]
tipo (m) de esporte	sportág	[sporta:g]
basquete (m)	kosárlabda	[koʃa:rlɒbdɒ]
jogador (m) de basquete	kosárlabdázó	[koʃa:rlɒbda:zo:]
beisebol (m)	baseball	[bɛjsbɒll]
jogador (m) de beisebol	baseballjátékos	[bɛjsbɒll ja:te:koʃ]
futebol (m)	futball, foci	[futbɒll], [fotsi]
jogador (m) de futebol	futballista	[futbɒlliʃtɒ]
goleiro (m)	kapus	[kɒpuʃ]
hóquei (m)	jégkorong	[je:gkoroŋg]
jogador (m) de hóquei	jégkorongjátékos	[je:gkoroŋg ja:te:koʃ]
vôlei (m)	röplabda	[røplɒbdɒ]
jogador (m) de vôlei	röplabdázó	[røplɒbda:zo:]
boxe (m)	boksz	[boks]
boxeador (m)	bokszoló	[boksolo:]
luta (f)	birkózás	[birko:za:ʃ]
lutador (m)	birkózó	[birko:zo:]
caratê (m)	karate	[kɒrɒtɛ]
carateca (m)	karatés	[kɒrɒte:ʃ]
judô (m)	cselgáncs	[ʧɛlga:nʧ]
judoca (m)	cselgáncsozó	[ʧɛlga:nʧozo:]
tênis (m)	tenisz	[tɛnis]
tenista (m)	teniszjátékos	[tɛnis ja:te:koʃ]
natação (f)	úszás	[u:sa:ʃ]
nadador (m)	úszó	[u:so:]
esgrima (f)	vívás	[vi:va:ʃ]
esgrimista (m)	vívó	[vi:vo:]
xadrez (m)	sakk	[ʃɒkk]
jogador (m) de xadrez	sakkozó	[ʃɒkkozo:]
alpinismo (m)	alpinizmus	[ɒlpinizmuʃ]
alpinista (m)	alpinista	[ɒlpiniʃtɒ]
corrida (f)	futás	[futa:ʃ]

104

corredor (m)	futó	[futo:]
atletismo (m)	atlétika	[ɒtle:tikɒ]
atleta (m)	atléta	[ɒtle:tɒ]

| hipismo (m) | lovassport | [lovɒʃport] |
| cavaleiro (m) | lovas | [lovɒʃ] |

patinação (f) artística	műkorcsolyázás	[my:kortʃoja:za:ʃ]
patinador (m)	műkorcsolyázó	[my:kortʃoja:zo:]
patinadora (f)	műkorcsolyázó nő	[my:kortʃoja:zo: nø:]

halterofilismo (m)	súlyemelés	[ʃu:jɛmɛle:ʃ]
corrida (f) de carros	autóverseny	[ɒuto:vɛrʃɛɲ]
piloto (m)	autóversenyző	[ɒuto:vɛrʃɛɲzø:]

| ciclismo (m) | kerékpározás | [kɛre:kpa:roza:ʃ] |
| ciclista (m) | kerékpáros | [kɛre:kpa:roʃ] |

salto (m) em distância	távolugrás	[ta:volugra:ʃ]
salto (m) com vara	rúdugrás	[ru:dugra:ʃ]
atleta (m) de saltos	ugró	[ugro:]

114. Tipos de desportos. Diversos

futebol (m) americano	amerikai futball	[ɒmɛrikɒi futbɒll]
badminton (m)	tollaslabda	[tollɒʃlɒbdɒ]
biatlo (m)	biatlon	[biɒtlon]
bilhar (m)	biliárd	[bilia:rd]

bobsled (m)	bob	[bob]
musculação (f)	testépítés	[tɛʃte:pi:te:ʃ]
polo (m) aquático	vízilabda	[vi:zilɒbdɒ]
handebol (m)	kézilabda	[ke:zilɒbdɒ]
golfe (m)	golf	[golf]

remo (m)	evezés	[ɛvɛze:ʃ]
mergulho (m)	búvárkodás	[bu:va:rkoda:ʃ]
corrida (f) de esqui	síverseny	[ʃi:vɛrʃɛɲ]
tênis (m) de mesa	asztali tenisz	[ɒstɒli tɛnis]

vela (f)	vitorlázás	[vitorla:za:ʃ]
rali (m)	rali	[rɒli]
rúgbi (m)	rögbi	[røgbi]
snowboard (m)	hódeszka	[ho:dɛskɒ]
arco-e-flecha (m)	íjászat	[i:ja:sɒt]

115. Ginásio

barra (f)	súlyzó	[ʃu:jzo:]
halteres (m pl)	súlyozók	[ʃu:jozo:k]
aparelho (m) de musculação	gyakorló berendezés	[jokorlo: bɛrɛnɛze:ʃ]
bicicleta (f) ergométrica	szobakerékpár	[sobɒkɛre:kpa:r]

esteira (f) de corrida	futószalag	[futo:sɒlɒg]
barra (f) fixa	nyújtó	[ɲu:jto:]
barras (f pl) paralelas	korlát	[korla:t]
cavalo (m)	ló	[lo:]
tapete (m) de ginástica	ugrószőnyeg	[ugro: sø:nɛg]
aeróbica (f)	aerobik	[ɒɛrobik]
ioga, yoga (f)	jóga	[jo:gɒ]

116. Desportos. Diversos

Jogos (m pl) Olímpicos	Olimpiai játékok	[olimpiɒi ja:te:kok]
vencedor (m)	győztes	[ɟø:ztɛʃ]
vencer (vi)	győz	[ɟø:z]
vencer (vi, vt)	legyőz	[lɛɟø:z]
líder (m)	vezető	[vɛzɛtø:]
liderar (vt)	vezet	[vɛzɛt]
primeiro lugar (m)	első helyezés	[ɛlʃø: hɛjɛze:ʃ]
segundo lugar (m)	második helyezés	[ma:ʃodik hɛjɛze:ʃ]
terceiro lugar (m)	harmadik helyezés	[hɒrmɒdik hɛjɛze:ʃ]
medalha (f)	érem	[e:rɛm]
troféu (m)	trófea	[tro:fɛɒ]
taça (f)	kupa	[kupɒ]
prêmio (m)	díj	[di:j]
prêmio (m) principal	első díj	[ɛlʃø: di:j]
recorde (m)	csúcseredmény	[ʧu:ʧɛrɛdme:ɲ]
estabelecer um recorde	csúcsot állít fel	[ʧu:ʧot a:lli:t fɛl]
final (m)	döntő	[døntø:]
final (adj)	döntő	[døntø:]
campeão (m)	bajnok	[bɒjnok]
campeonato (m)	bajnokság	[bɒjnokʃa:g]
estádio (m)	stadion	[ʃtɒdion]
arquibancadas (f pl)	lelátó	[lɛla:to:]
fã, torcedor (m)	szurkoló	[surkolo:]
adversário (m)	ellenség	[ɛllɛnʃe:g]
partida (f)	rajt	[rɒjt]
linha (f) de chegada	finis	[finiʃ]
derrota (f)	vereség	[vɛrɛʃe:g]
perder (vt)	elveszít	[ɛlvɛsi:t]
árbitro, juiz (m)	bíró	[bi:ro:]
júri (m)	zsűri	[ʒy:ri]
resultado (m)	eredmény	[ɛrɛdme:ɲ]
empate (m)	döntetlen	[døntɛtlɛn]
empatar (vi)	döntetlenre játszik	[døntɛtlɛnrɛ ja:tsik]

ponto (m)	pont	[pont]
resultado (m) final	eredmény	[ɛrɛdmeːɲ]
intervalo (m)	szünet	[synɛt]
doping (m)	dopping	[dopiŋg]
penalizar (vt)	megbüntet	[mɛgbyntɛt]
desqualificar (vt)	diszkvalifikál	[diskvɒlifikaːl]
aparelho, aparato (m)	tornaszer	[tornɒsɛr]
dardo (m)	gerely	[gɛrɛj]
peso (m)	súly	[ʃuːj]
bola (f)	golyó	[gojoː]
alvo, objetivo (m)	cél	[tseːl]
alvo (~ de papel)	célpont	[tseːlpont]
disparar, atirar (vi)	lő	[løː]
preciso (tiro ~)	pontos	[pontoʃ]
treinador (m)	edző	[ɛdzøː]
treinar (vt)	edz	[ɛdz]
treinar-se (vr)	edzeni magát	[ɛdzi mɒgaːt]
treino (m)	edzés	[ɛdzeːʃ]
academia (f) de ginástica	tornaterem	[tornɒtɛrɛm]
exercício (m)	gyakorlat	[ɟokorlɒt]
aquecimento (m)	bemelegítés	[bɛmɛlɛgiːteːʃ]

Educação

117. Escola

escola (f)	iskola	[iʃkolɒ]
diretor (m) de escola	iskolaigazgató	[iʃkolɒ igɒzgɒtoː]
aluno (m)	diák	[diaːk]
aluna (f)	diáklány	[diaːklaːɲ]
estudante (m)	diák	[diaːk]
estudante (f)	diáklány	[diaːklaːɲ]
ensinar (vt)	tanít	[tɒniːt]
aprender (vt)	tanul	[tɒnul]
decorar (vt)	kívülről tanul	[kiːvylrøːl tɒnul]
estudar (vi)	tanul	[tɒnul]
estar na escola	tanul	[tɒnul]
ir à escola	iskolába jár	[iʃkolaːbɒ jaːr]
alfabeto (m)	ábécé	[aːbeːtseː]
disciplina (f)	tantárgy	[tɒntaːrɟ]
sala (f) de aula	tanterem	[tɒntɛrɛm]
lição, aula (f)	tanóra	[tɒnoːrɒ]
recreio (m)	szünet	[synɛt]
toque (m)	csengő	[tʃɛŋgøː]
classe (f)	pad	[pɒd]
quadro (m) negro	tábla	[taːblɒ]
nota (f)	jegy	[jɛɟ]
boa nota (f)	jó jegy	[joː jɛɟ]
nota (f) baixa	rossz jegy	[ross jɛɟ]
dar uma nota	jegyet ad	[jɛɟɛt ɒd]
erro (m)	hiba	[hibɒ]
errar (vi)	hibázik	[hibaːzik]
corrigir (~ um erro)	javít	[jɒviːt]
cola (f)	puska	[puʃkɒ]
dever (m) de casa	házi feladat	[haːzi fɛlɒdɒt]
exercício (m)	gyakorlat	[ɟokorlɒt]
estar presente	jelen van	[jɛlɛn vɒn]
estar ausente	hiányzik	[hiaːɲzik]
punir (vt)	büntet	[byntɛt]
punição (f)	büntetés	[byntɛteːʃ]
comportamento (m)	magatartás	[mɒgɒtɒrtaːʃ]

boletim (m) escolar	iskolai bizonyítvány	[iʃkolɒi+U3738 bizoɲi:tva:ɲ]
lápis (m)	ceruza	[tsɛruzɒ]
borracha (f)	radír	[rɒdi:r]
giz (m)	kréta	[kre:tɒ]
porta-lápis (m)	tolltartó	[tolltɒrto:]

mala, pasta, mochila (f)	iskolatáska	[iʃkolɒta:ʃkɒ]
caneta (f)	toll	[toll]
caderno (m)	füzet	[fyzɛt]
livro (m) didático	tankönyv	[tɒŋkøɲv]
compasso (m)	körző	[kørzø:]

| traçar (vt) | rajzol | [rɒjzol] |
| desenho (m) técnico | tervrajz | [tɛrvrɒjz] |

poesia (f)	vers	[vɛrʃ]
de cor	kívülről	[ki:vylrø:l]
decorar (vt)	kívülről tanul	[ki:vylrø:l tɒnul]

| férias (f pl) | szünet | [synɛt] |
| estar de férias | szünidőt tölti | [synidø:t tølti] |

teste (m), prova (f)	dolgozat	[dolgozɒt]
redação (f)	fogalmazás	[fogɒlmɒza:ʃ]
ditado (m)	diktandó	[diktɒndo:]

exame (m), prova (f)	vizsga	[viʒgɒ]
fazer prova	vizsgázik	[viʒga:zik]
experiência (~ química)	kísérlet	[ki:ʃe:rlɛt]

118. Colégio. Universidade

academia (f)	akadémia	[ɒkɒde:miɒ]
universidade (f)	egyetem	[ɛɟɛtɛm]
faculdade (f)	kar	[kɒr]

estudante (m)	diák	[dia:k]
estudante (f)	diáklány	[dia:kla:ɲ]
professor (m)	tanár	[tɒna:r]

| auditório (m) | tanterem | [tɒntɛrɛm] |
| graduado (m) | végzős | [ve:gzø:ʃ] |

| diploma (m) | szakdolgozat | [sɒgdolgozɒt] |
| tese (f) | disszertáció | [dissɛrta:tsio:] |

| estudo (obra) | kutatás | [kutɒta:ʃ] |
| laboratório (m) | laboratórium | [lɒbɒrɒto:rium] |

| palestra (f) | előadás | [ɛlø:ɒda:ʃ] |
| colega (m) de curso | évfolyamtárs | [e:vfojɒm ta:rʃ] |

| bolsa (f) de estudos | ösztöndíj | [østøndi:j] |
| grau (m) acadêmico | tudományos fokozat | [tudoma:nøʃ fokozɒt] |

119. Ciências. Disciplinas

matemática (f)	matematika	[mɒtɛmɒtikɒ]
álgebra (f)	algebra	[ɒlgɛbrɒ]
geometria (f)	mértan	[me:rtɒn]

astronomia (f)	csillagászat	[ʧillɒga:sɒt]
biologia (f)	biológia	[biolo:giɒ]
geografia (f)	földrajz	[føldrɒjz]
geologia (f)	földtan	[følttɒn]
história (f)	történelem	[tørte:nɛlɛm]

medicina (f)	orvostudomány	[orvoʃtudoma:ɲ]
pedagogia (f)	pedagógia	[pɛdɒgo:giɒ]
direito (m)	jog	[jog]

física (f)	fizika	[fizikɒ]
química (f)	kémia	[ke:miɒ]
filosofia (f)	filozófia	[filozo:fiɒ]
psicologia (f)	lélektan	[le:lɛktɒn]

120. Sistema de escrita. Ortografia

gramática (f)	nyelvtan	[ɲɛlvtɒn]
vocabulário (m)	szókincs	[so:kinʧ]
fonética (f)	hangtan	[hɒŋgtɒn]

substantivo (m)	főnév	[fø:ne:v]
adjetivo (m)	melléknév	[mɛlle:kne:v]
verbo (m)	ige	[igɛ]
advérbio (m)	határozószó	[hɒta:rozo:so:]

pronome (m)	névmás	[ne:vma:ʃ]
interjeição (f)	indulatszó	[indulɒtso:]
preposição (f)	elöljárószó	[ɛlølja:ro:so:]

raiz (f)	szógyök	[so:ɟøk]
terminação (f)	végződés	[ve:gzø:de:ʃ]
prefixo (m)	prefixum	[prɛfiksum]
sílaba (f)	szótag	[so:tɒg]
sufixo (m)	rag	[rɒg]

| acento (m) | hangsúly | [hɒŋgʃu:j] |
| apóstrofo (f) | aposztróf | [ɒpostro:f] |

ponto (m)	pont	[pont]
vírgula (f)	vessző	[vɛssø:]
ponto e vírgula (m)	pontosvessző	[pontoʃvɛssø:]
dois pontos (m pl)	kettőspont	[kɛttø:ʃpont]
reticências (f pl)	három pont	[ha:rom pont]

| ponto (m) de interrogação | kérdőjel | [ke:rdø:jɛl] |
| ponto (m) de exclamação | felkiáltójel | [fɛlkia:lto:jɛl] |

aspas (f pl)	idézőjel	[ide:zø:jɛl]
entre aspas	idézőjelben	[ide:zø:jɛlbɛn]
parênteses (m pl)	zárójel	[za:ro:jɛl]
entre parênteses	zárójelben	[za:ro:jɛlbɛn]

hífen (m)	kötőjel	[køtø:jɛl]
travessão (m)	gondolatjel	[gondolɒtjɛl]
espaço (m)	szóköz	[so:køz]

letra (f)	betű	[bɛty:]
letra (f) maiúscula	nagybetű	[nɒjbɛty:]

vogal (f)	magánhangzó	[mɒga:nhɒŋgzo:]
consoante (f)	mássalhangzó	[ma:ʃɒlhɒŋgzo:]

frase (f)	mondat	[mondɒt]
sujeito (m)	alany	[ɒlɒɲ]
predicado (m)	állítmány	[a:lli:tma:ɲ]

linha (f)	sor	[ʃor]
em uma nova linha	egy új sorban	[ɛɟ: u:j ʃorbɒn]
parágrafo (m)	bekezdés	[bɛkɛzde:ʃ]

palavra (f)	szó	[so:]
grupo (m) de palavras	összetett szavak	[øs:ɛtɛtt sɒvɒk]
expressão (f)	kifejezés	[kifɛjɛze:ʃ]
sinônimo (m)	szinonima	[sinonimɒ]
antônimo (m)	antoníma	[ɒntoni:mɒ]

regra (f)	szabály	[sɒba:j]
exceção (f)	kivétel	[kive:tɛl]
correto (adj)	helyes	[hɛjɛʃ]

conjugação (f)	igeragozás	[igɛrɒgoza:ʃ]
declinação (f)	névszóragozás	[ne:vso:rɒgoza:ʃ]
caso (m)	eset	[ɛʃɛt]
pergunta (f)	kérdés	[ke:rde:ʃ]
sublinhar (vt)	aláhúz	[ɒla:hu:z]
linha (f) pontilhada	kipontozott vonal	[kipontozott vonɒl]

121. Línguas estrangeiras

língua (f)	nyelv	[ɲɛlv]
língua (f) estrangeira	idegen nyelv	[idɛgɛn ɲɛlv]
estudar (vt)	tanul	[tɒnul]
aprender (vt)	tanul	[tɒnul]

ler (vt)	olvas	[olvɒʃ]
falar (vi)	beszél	[bɛse:l]
entender (vt)	ért	[e:rt]
escrever (vt)	ír	[i:r]

rapidamente	gyorsan	[ɟørʃɒn]
devagar, lentamente	lassan	[lɒʃɒn]

fluentemente	folyékonyan	[foje:koɲɒn]
regras (f pl)	szabályok	[sɒba:jok]
gramática (f)	nyelvtan	[ɲɛlvtɒn]
vocabulário (m)	szókincs	[so:kinʧ]
fonética (f)	hangtan	[hɒŋgtɒn]

livro (m) didático	tankönyv	[tɒŋkøɲv]
dicionário (m)	szótár	[so:ta:r]
manual (m) autodidático	önálló tanulásra szolgáló könyv	[øna:llo: tɒnula:ʃrɒ solga:lo: køɲv]
guia (m) de conversação	társalgási nyelvkönyv	[ta:rʃɒlga:ʃi nɛlvkøɲv]

fita (f) cassete	kazetta	[kɒzɛttɒ]
videoteipe (m)	videokazetta	[fidɛokɒzɛttɒ]
CD (m)	CDlemez	[tsɛdɛlɛmɛz]
DVD (m)	DVDlemez	[dɛvɛdɛlɛmɛz]

alfabeto (m)	ábécé	[a:be:tse:]
soletrar (vt)	betűz	[bɛty:z]
pronúncia (f)	kiejtés	[kiɛjte:ʃ]

sotaque (m)	akcentus	[ɒktsɛntuʃ]
com sotaque	akcentussal	[ɒktsɛntuʃɒl]
sem sotaque	akcentus nélkül	[ɒktsɛntuʃ ne:lkyl]

palavra (f)	szó	[so:]
sentido (m)	értelem	[e:rtɛlɛm]

curso (m)	tanfolyam	[tɒnfojɒm]
inscrever-se (vr)	jelentkezik	[jɛlɛntkɛzik]
professor (m)	tanár	[tɒna:r]

tradução (processo)	fordítás	[fordi:ta:ʃ]
tradução (texto)	fordítás	[fordi:ta:ʃ]
tradutor (m)	fordító	[fordi:to:]
intérprete (m)	tolmács	[tolma:ʧ]

poliglota (m)	poliglott	[poliglott]
memória (f)	emlékezet	[ɛmle:kɛzɛt]

122. Personagens de contos de fadas

Papai Noel (m)	Mikulás	[mikula:ʃ]
sereia (f)	sellő	[ʃellø:]

bruxo, feiticeiro (m)	varázsló	[vɒra:ʒlo:]
fada (f)	varázslónő	[vɒra:ʒlo:nø:]
mágico (adj)	varázslatos	[vɒra:ʒlɒtoʃ]
varinha (f) mágica	varázsvessző	[vɒra:ʒvɛssø:]

conto (m) de fadas	mese	[mɛʃɛ]
milagre (m)	csoda	[ʧodɒ]
anão (m)	törpe	[tørpɛ]
transformar-se em ...	átváltozik ... vé	[a:tva:ltozik ... ve:]

fantasma (m)	kísértet	[ki:ʃe:rtɛt]
fantasma (m)	szellem	[sɛllɛm]
monstro (m)	szörny	[sørɲ]
dragão (m)	sárkány	[ʃa:rka:ɲ]
gigante (m)	óriás	[o:ria:ʃ]

123. Signos do Zodíaco

Áries (f)	Kos	[koʃ]
Touro (m)	Bika	[bikɒ]
Gêmeos (m pl)	Ikrek	[ikrɛk]
Câncer (m)	Rák	[ra:k]
Leão (m)	Oroszlán	[orosla:n]
Virgem (f)	Szűz	[sy:z]

Libra (f)	Mérleg	[me:rlɛg]
Escorpião (m)	skorpió	[ʃkorpio:]
Sagitário (m)	Nyilas	[ɲiloʃ]
Capricórnio (m)	Bak	[bɒk]
Aquário (m)	Vízöntő	[vi:zøntø:]
Peixes (pl)	Halak	[hɒlɒk]

caráter (m)	jellem	[jɛllɛm]
traços (m pl) do caráter	jellemvonás	[jɛllɛmvona:ʃ]
comportamento (m)	magatartás	[mɒgɒtɒrta:ʃ]
prever a sorte	jósol	[jo:ʃol]
adivinha (f)	jósnő	[jo:ʃnø:]
horóscopo (m)	horoszkóp	[horosko:p]

Artes

124. Teatro

teatro (m)	színház	[siːnhaːz]
ópera (f)	opera	[opɛrɒ]
opereta (f)	operett	[opɛrɛtt]
balé (m)	balett	[bɒlɛtt]
cartaz (m)	plakát	[plɒkaːt]
companhia (f) de teatro	társulat	[taːrʃulɒt]
turnê (f)	vendégszereplés	[vɛndeːgsɛrɛpleːʃ]
estar em turnê	vendégszerepel	[vɛndeːgsɛrɛpɛl]
ensaiar (vt)	próbál	[proːbaːl]
ensaio (m)	próba	[proːbɒ]
repertório (m)	műsorterv	[myːʃortɛrv]
apresentação (f)	előadás	[ɛløːɒdaːʃ]
espetáculo (m)	színházi előadás	[siːnhaːzi ɛløːɒdaːʃ]
peça (f)	színdarab	[siːndɒrɒb]
entrada (m)	jegy	[jɛɟ]
bilheteira (f)	jegypénztár	[jɛɟpeːnztaːr]
hall (m)	előcsarnok	[ɛløːtʃɒrnok]
vestiário (m)	ruhatár	[ruhɒtaːr]
senha (f) numerada	szám	[saːm]
binóculo (m)	látcső	[laːtʃøː]
lanterninha (m)	jegyszedő	[jɛɟsɛdøː]
plateia (f)	földszint	[føldsint]
balcão (m)	erkély	[ɛrkeːj]
primeiro balcão (m)	első emelet	[ɛlʃøː ɛmɛlɛt]
camarote (m)	páholy	[paːhoj]
fila (f)	sor	[ʃor]
assento (m)	hely	[hɛj]
público (m)	közönség	[køzønʃeːg]
espectador (m)	néző	[neːzøː]
aplaudir (vt)	tapsol	[tɒpʃol]
aplauso (m)	taps	[tɒpʃ]
ovação (f)	ováció	[ovaːtsioː]
palco (m)	színpad	[siːnpɒd]
cortina (f)	függöny	[fyggøɲ]
cenário (m)	díszlet	[diːslɛt]
bastidores (m pl)	kulisszák	[kulissaːk]
cena (f)	jelenet	[jɛlɛnɛt]
ato (m)	felvonás	[fɛlvonaːʃ]
intervalo (m)	szünet	[synɛt]

125. Cinema

ator (m)	színész	[si:ne:s]
atriz (f)	színésznő	[si:ne:snø:]
cinema (m)	mozi	[mozi]
filme (m)	film	[film]
episódio (m)	sorozat	[ʃorozɒt]
filme (m) policial	krimi	[krimi]
filme (m) de ação	akciófilm	[ɒktsi:ofilm]
filme (m) de aventuras	kalandfilm	[kɒlɒndfilm]
filme (m) de ficção científica	fantasztikus film	[fɒntɒstikuʃ film]
filme (m) de horror	horrorfilm	[horrorfilm]
comédia (f)	filmvígjáték	[filmvi:g ja:te:k]
melodrama (m)	zenés dráma	[zɛne:ʃ dra:mɒ]
drama (m)	dráma	[dra:mɒ]
filme (m) de ficção	játékfilm	[ja:te:kfilm]
documentário (m)	dokumentumfilm	[dokumɛntumfilm]
desenho (m) animado	rajzfilm	[rɒjzfilm]
cinema (m) mudo	némafilm	[ne:mɒfilm]
papel (m)	szerep	[sɛrɛp]
papel (m) principal	főszerep	[fø:sɛrɛp]
representar (vt)	szerepel	[sɛrɛpɛl]
estrela (f) de cinema	filmcsillag	[filmtʃillɒg]
conhecido (adj)	ismert	[iʃmɛrt]
famoso (adj)	híres	[hi:rɛʃ]
popular (adj)	népszerű	[ne:psɛry:]
roteiro (m)	forgatókönyv	[forgɒto:køɲv]
roteirista (m)	forgatókönyvíró	[forgɒto:køɲvi:ro:]
diretor (m) de cinema	rendező	[rɛndɛzø:]
produtor (m)	producer	[produsɛr]
assistente (m)	asszisztens	[ɒssistɛnʃ]
diretor (m) de fotografia	operatőr	[opɛrɒtø:r]
dublê (m)	kaszkadőr	[kɒskɒdø:r]
filmar (vt)	filmet forgat	[filmɛt forgɒt]
audição (f)	próba	[pro:bɒ]
filmagem (f)	felvétel	[fɛlve:tɛl]
equipe (f) de filmagem	forgatócsoport	[forgɒto:tʃoport]
set (m) de filmagem	forgatási helyszín	[forgɒta:ʃi hɛjsi:n]
câmera (f)	kamera	[kɒmɛrɒ]
cinema (m)	mozi	[mozi]
tela (f)	vászon	[va:son]
exibir um filme	filmet mutat	[filmɛt mutɒt]
trilha (f) sonora	hangsáv	[hoŋgʃa:v]
efeitos (m pl) especiais	speciális effektusok	[ʃpɛtsja:liʃ ɛf:ɛktuʃok]
legendas (f pl)	feliratok	[fɛlirɒtok]

115

| crédito (m) | közreműködők felsorolása | [køzrɛmy:kødø:k fɛlʃorola:sa] |
| tradução (f) | fordítás | [fordi:ta:ʃ] |

126. Pintura

arte (f)	művészet	[my:ve:sɛt]
belas-artes (f pl)	képzőművészet	[ke:pzø:my:ve:sɛt]
galeria (f) de arte	galéria	[gɒle:riɒ]
exibição (f) de arte	tárlat	[ta:rlɒt]

pintura (f)	festészet	[fɛʃte:sɛt]
arte (f) gráfica	grafika	[grɒfikɒ]
arte (f) abstrata	absztrakt művészet	[ɒbstrɒkt my:ve:sɛt]
impressionismo (m)	impresszionizmus	[imprɛssionizmuʃ]

pintura (f), quadro (m)	kép	[ke:p]
desenho (m)	rajz	[rɒjz]
cartaz, pôster (m)	poszter	[postɛr]

ilustração (f)	illusztráció	[illustra:tsio:]
miniatura (f)	miniatűr	[miniɒty:r]
cópia (f)	másolat	[ma:ʃolɒt]
reprodução (f)	reprodukció	[rɛproduktsio:]

mosaico (m)	mozaik	[mozɒik]
vitral (m)	színes üvegablak	[si:nɛʃ yvɛgɒblɒk]
afresco (m)	freskó	[frɛʃko:]
gravura (f)	metszet	[mɛtsɛt]

busto (m)	mellszobor	[mɛllsobor]
escultura (f)	szobor	[sobor]
estátua (f)	szobor	[sobor]
gesso (m)	gipsz	[gips]
em gesso (adj)	gipsz	[gips]

retrato (m)	arckép	[ɒrtske:p]
autorretrato (m)	önarckép	[ønɒrtske:p]
paisagem (f)	tájkép	[ta:jke:p]
natureza (f) morta	csendélet	[ʧɛnde:lɛt]
caricatura (f)	karikatúra	[kɒrikɒtu:rɒ]

tinta (f)	festék	[fɛʃte:k]
aquarela (f)	vízfesték	[vi:zfɛʃte:k]
tinta (f) a óleo	olaj	[olɒj]
lápis (m)	ceruza	[tsɛruzɒ]
tinta (f) nanquim	tus	[tuʃ]
carvão (m)	szén	[se:n]

| desenhar (vt) | rajzol | [rɒjzol] |
| pintar (vt) | fest | [fɛʃt] |

posar (vi)	pózol	[po:zol]
modelo (m)	modell	[modɛll]
modelo (f)	modell	[modɛll]

pintor (m)	festő	[fɛʃtø:]
obra (f)	műalkotás	[my:ɒlkota:ʃ]
obra-prima (f)	remekmű	[rɛmɛkmy:]
estúdio (m)	műhely	[my:hɛj]
tela (f)	vászon	[va:son]
cavalete (m)	festőállvány	[fɛʃtø:a:llva:ɲ]
paleta (f)	paletta	[pɒlɛttɒ]
moldura (f)	keret	[kɛrɛt]
restauração (f)	helyreállítás	[hɛjrɛa:lli:ta:ʃ]
restaurar (vt)	helyreállít	[hɛjrɛa:lli:t]

127. Literatura & Poesia

literatura (f)	irodalom	[irodɒlom]
autor (m)	szerző	[sɛrzø:]
pseudônimo (m)	álnév	[a:lne:v]
livro (m)	könyv	[køɲv]
volume (m)	kötet	[køtɛt]
índice (m)	tartalomjegyzék	[tortɒlomjɛɟze:k]
página (f)	oldal	[oldɒl]
protagonista (m)	főszereplő	[fø:sɛrɛplø:]
autógrafo (m)	autogram	[autogram]
conto (m)	rövid történet	[røvid tørte:nɛt]
novela (f)	elbeszélés	[ɛlbɛse:le:ʃ]
romance (m)	regény	[rɛge:ɲ]
obra (f)	alkotás	[ɒlkota:ʃ]
fábula (m)	állatmese	[a:llɒtmɛʃɛ]
romance (m) policial	krimi	[krimi]
verso (m)	vers	[vɛrʃ]
poesia (f)	költészet	[kølte:sɛt]
poema (m)	költemény, vers	[køltɛme:ɲ], [vɛrʃ]
poeta (m)	költő	[køltø:]
ficção (f)	szépirodalom	[se:pirodɒlom]
ficção (f) científica	scifi	[stsifi], [skifi]
aventuras (f pl)	kalandok	[kɒlɒndok]
literatura (f) didática	tanító irodalom	[tɒni:to: irodɒlom]
literatura (f) infantil	gyermekirodalom	[ɟɛrmɛk irodɒlom]

128. Circo

circo (m)	cirkusz	[tsirkus]
circo (m) ambulante	vándorcirkusz	[va:ndortsirkus]
programa (m)	műsor	[my:ʃor]
apresentação (f)	előadás	[ɛlø:ɒda:ʃ]
número (m)	műsorszám	[my:ʃorsa:m]
picadeiro (f)	aréna	[ɒre:nɒ]

117

| pantomima (f) | némajáték | [ne:mɒja:te:k] |
| palhaço (m) | bohóc | [boho:ts] |

acrobata (m)	akrobata	[ɒkrobɒtɒ]
acrobacia (f)	akrobatika	[ɒkrobɒtikɒ]
ginasta (m)	tornász	[torna:s]
ginástica (f)	torna	[tornɒ]
salto (m) mortal	szaltó	[sɒlto:]

homem (m) forte	atléta	[ɒtle:tɒ]
domador (m)	állatszelídítő	[a:llɒt sɛli:di:to:]
cavaleiro (m) equilibrista	lovas	[lovɒʃ]
assistente (m)	asszisztens	[ɒssistɛnʃ]

truque (m)	mutatvány	[mutɒtva:ɲ]
truque (m) de mágica	bűvészmutatvány	[by:ve:smutɒtva:ɲ]
ilusionista (m)	bűvész	[by:ve:s]

malabarista (m)	zsonglőr	[ʒoŋglø:r]
fazer malabarismos	zsonglőrködik	[ʒoŋglø:rkødik]
adestrador (m)	idomár	[idoma:r]
adestramento (m)	idomítás	[idomi:ta:ʃ]
adestrar (vt)	idomít	[idomi:t]

129. Música. Música popular

música (f)	zene	[zɛnɛ]
músico (m)	zenész	[zɛne:s]
instrumento (m) musical	hangszer	[hɒŋgsɛr]
tocar ...	játszani	[ja:tzɒni]

guitarra (f)	gitár	[gita:r]
violino (m)	hegedű	[hɛgɛdy:]
violoncelo (m)	cselló	[tʃɛllo:]
contrabaixo (m)	nagybőgő	[nɒɟbø:gø:]
harpa (f)	hárfa	[ha:rfɒ]

piano (m)	zongora	[zoŋgorɒ]
piano (m) de cauda	zongora	[zoŋgorɒ]
órgão (m)	orgona	[orgonɒ]

| instrumentos (m pl) de sopro | fúvós hangszer | [fu:vo:ʃ hɒŋgsɛr] |
| oboé (m) | oboa | [ob
ɒ] |
saxofone (m)	szakszofon	[sɒksofon]
clarinete (m)	klarinét	[klɒrine:t]
flauta (f)	fuvola	[fuvolɒ]
trompete (m)	trombita	[trombitɒ]

| acordeão (m) | harmonika | [hɒrmonikɒ] |
| tambor (m) | dob | [dob] |

dueto (m)	duett	[duɛtt]
trio (m)	trió	[trio:]
quarteto (m)	kvartett	[kvɒrtɛtt]

coro (m)	énekkar	[eːnɛkkɒr]
orquestra (f)	zenekar	[zɛnɛkɒr]

música (f) pop	popzene	[popzɛnɛ]
música (f) rock	rockzene	[rokzɛnɛ]
grupo (m) de rock	rockegyüttes	[rokɛɟyttɛʃ]
jazz (m)	dzsessz	[dʒɛsː]

ídolo (m)	bálvány	[baːlvaːɲ]
fã, admirador (m)	rajongó	[rɒjoŋgoː]

concerto (m)	hangverseny	[hɒŋgvɛrʃɛɲ]
sinfonia (f)	szimfónia	[simfoːniɒ]
composição (f)	szerzemény	[sɛrzɛmeːɲ]

canto (m)	éneklés	[eːnɛkleːʃ]
canção (f)	dal	[dɒl]
melodia (f)	dallam	[dɒllɒm]
ritmo (m)	ritmus	[ritmuʃ]
blues (m)	blues	[blyz]

notas (f pl)	kották	[kottaːk]
batuta (f)	karmesteri pálca	[kɒrmɛʃtɛri paːltsɒ]
arco (m)	vonó	[vonoː]
corda (f)	húr	[huːr]
estojo (m)	tartó	[tɒrtoː]

Descanso. Entretenimento. Viagens

130. Viagens

turismo (m)	turizmus	[turizmuʃ]
turista (m)	turista	[turiʃtɒ]
viagem (f)	utazás	[utɒzaːʃ]
aventura (f)	kaland	[kɒlɒnd]
percurso (curta viagem)	utazás	[utɒzaːʃ]
férias (f pl)	szabadság	[sɒbɒdʃaːg]
estar de férias	szabadságon van	[sɒbɒdʃaːgon vɒn]
descanso (m)	pihenés	[pihɛneːʃ]
trem (m)	vonat	[vonɒt]
de trem (chegar ~)	vonattal	[vonɒttɒl]
avião (m)	repülőgép	[rɛpyløːgeːp]
de avião	repülőgéppel	[rɛpyløːgeːppɛl]
de carro	autóval	[ɒuto:vɒl]
de navio	hajóval	[hɒjo:vɒl]
bagagem (f)	csomag	[tʃomɒg]
mala (f)	bőrönd	[bøːrønd]
carrinho (m)	kocsi	[kotʃi]
passaporte (m)	útlevél	[u:tlɛveːl]
visto (m)	vízum	[viːzum]
passagem (f)	jegy	[jɛɟ]
passagem (f) aérea	repülőjegy	[rɛpyløːjɛɟ]
guia (m) de viagem	útikalauz	[u:tikɒlɒuz]
mapa (m)	térkép	[teːrkeːp]
área (f)	vidék	[videːk]
lugar (m)	hely	[hɛj]
exotismo (m)	egzotikum	[ɛgzotikum]
exótico (adj)	egzotikus	[ɛgzotikuʃ]
surpreendente (adj)	csodálatos	[tʃoda:lɒtoʃ]
grupo (m)	csoport	[tʃoport]
excursão (f)	kirándulás	[kira:ndula:ʃ]
guia (m)	idegenvezető	[idɛgɛn vɛzɛtøː]

131. Hotel

hotel (m)	szálloda	[sa:llodɒ]
motel (m)	motel	[motɛl]
três estrelas	három csillagos	[ha:rom tʃillɒgoʃ]

| cinco estrelas | öt csillagos | [øt tʃillɒgoʃ] |
| ficar (vi, vt) | megszáll | [mɛgsa:ll] |

quarto (m)	szoba	[sobɒ]
quarto (m) individual	egyágyas szoba	[ɛja:jɒʃ sobɒ]
quarto (m) duplo	kétágyas szoba	[ke:ta:joʃ sobɒ]
reservar um quarto	lefoglal egy szobát	[lɛfoglɒl ɛj soba:t]

| meia pensão (f) | félpanzió | [fe:lpɒnzio:] |
| pensão (f) completa | teljes panzió | [tɛjɛʃ pɒnzio:] |

com banheira	fürdőszobával	[fyrdø:soba:vɒl]
com chuveiro	zuhannyal	[zuhɒnnɒl]
televisão (m) por satélite	műholdas televízió	[my:holdɒʃ tɛlɛvizio:]
ar (m) condicionado	légkondicionáló	[le:gkonditsiona:lo:]
toalha (f)	törülköző	[tørylkøzø:]
chave (f)	kulcs	[kultʃ]

administrador (m)	adminisztrátor	[ɒdministra:tor]
camareira (f)	szobalány	[sobɒla:ɲ]
bagageiro (m)	hordár	[horda:r]
porteiro (m)	portás	[porta:ʃ]

restaurante (m)	étterem	[e:ttɛrɛm]
bar (m)	bár	[ba:r]
café (m) da manhã	reggeli	[rɛggɛli]
jantar (m)	vacsora	[vɒtʃorɒ]
bufê (m)	svédasztal	[ʃve:dɒstɒl]

elevador (m)	lift	[lift]
NÃO PERTURBE	KÉRJÜK, NE ZAVARJANAK!	[ke:rjyk nɛ zɒvɒrjɒnɒk]
PROIBIDO FUMAR!	DOHÁNYOZNI TILOS!	[doha:nøzni tiloʃ]

132. Livros. Leitura

livro (m)	könyv	[køɲv]
autor (m)	szerző	[sɛrzø:]
escritor (m)	író	[i:ro:]
escrever (~ um livro)	megír	[mɛgi:r]

leitor (m)	olvasó	[olvɒʃo:]
ler (vt)	olvas	[olvɒʃ]
leitura (f)	olvasás	[olvɒʃa:ʃ]

| para si | magában | [mɒga:bɒn] |
| em voz alta | hangosan | [hɒŋgoʃɒn] |

publicar (vt)	kiad	[kiɒd]
publicação (f)	kiadás	[kiɒda:ʃ]
editor (m)	kiadó	[kiɒdo:]
editora (f)	kiadóvállalat	[kiɒdo: va:llɒlɒt]
sair (vi)	megjelenik	[mɛgjɛlɛnik]
lançamento (m)	megjelenés	[mɛgjɛlɛne:ʃ]

tiragem (f)	példányszám	[pe:lda:ɲsa:m]
livraria (f)	könyvesbolt	[køɲvɛʃbolt]
biblioteca (f)	könyvtár	[køɲvta:r]
novela (f)	elbeszélés	[ɛlbɛse:le:ʃ]
conto (m)	rövid történet	[røvid tørte:nɛt]
romance (m)	regény	[rɛge:ɲ]
romance (m) policial	krimi	[krimi]
memórias (f pl)	emlékiratok	[ɛmle:kirɒtok]
lenda (f)	legenda	[lɛgɛndɒ]
mito (m)	mítosz	[mi:tos]
poesia (f)	versek	[vɛrʃɛk]
autobiografia (f)	önéletrajz	[øne:lɛtrɒjz]
obras (f pl) escolhidas	válogatott	[va:logɒtott]
ficção (f) científica	scifi	[stsifi], [skifi]
título (m)	cím	[tsi:m]
introdução (f)	bevezetés	[bɛvɛzɛte:ʃ]
folha (f) de rosto	címlap	[tsi:mlɒp]
capítulo (m)	fejezet	[fɛjɛzɛt]
excerto (m)	részlet	[re:slɛt]
episódio (m)	epizód	[ɛpizo:d]
enredo (m)	szüzsé	[syʒe:]
conteúdo (m)	tartalom	[tɒrtɒlom]
índice (m)	tartalomjegyzék	[tɒrtɒlomjɛɟze:k]
protagonista (m)	főszereplő	[fø:sɛrɛplø:]
volume (m)	kötet	[køtɛt]
capa (f)	borítólap	[bori:to:lɒp]
encadernação (f)	bekötés	[bɛkøte:ʃ]
marcador (m) de página	könyvjelző	[køɲvjɛlzø:]
página (f)	oldal	[oldɒl]
folhear (vt)	lapoz	[lɒpoz]
margem (f)	lapszél	[lɒpse:l]
anotação (f)	jegyzet	[jɛɟzɛt]
nota (f) de rodapé	megjegyzés	[mɛgjɛɟze:ʃ]
texto (m)	szöveg	[søvɛg]
fonte (f)	betűtípus	[bɛty:ti:puʃ]
falha (f) de impressão	sajtóhiba	[ʃɒjto:hibɒ]
tradução (f)	fordítás	[fordi:ta:ʃ]
traduzir (vt)	fordít	[fordi:t]
original (m)	az eredeti	[ɒz ɛrɛdɛti]
famoso (adj)	híres	[hi:rɛʃ]
desconhecido (adj)	ismeretlen	[iʃmɛrɛtlɛn]
interessante (adj)	érdekes	[e:rdɛkɛʃ]
best-seller (m)	bestseller	[bɛstsɛllɛr]
dicionário (m)	szótár	[so:ta:r]
livro (m) didático	tankönyv	[tɒɲkøɲv]
enciclopédia (f)	enciklopédia	[ɛntsiklope:diɒ]

133. Caça. Pesca

caça (f)	vadászat	[vɒda:sɒt]
caçar (vi)	vadászik	[vɒda:sik]
caçador (m)	vadász	[vɒda:s]
disparar, atirar (vi)	lő	[løː]
rifle (m)	puska	[puʃkɒ]
cartucho (m)	töltény	[tølteːɲ]
chumbo (m) de caça	sörét	[ʃøreːt]
armadilha (f)	csapda	[ʧɒbdɒ]
armadilha (com corda)	kelepce	[kɛlɛptsɛ]
pôr a armadilha	csapdát állít	[ʧɒpda:t aːlliːt]
caçador (m) furtivo	vadorzó	[vɒdorzoː]
caça (animais)	vad	[vɒd]
cão (m) de caça	vadászkutya	[vɒda:skuсɒ]
safári (m)	szafári	[sɒfaːri]
animal (m) empalhado	kitömött test	[kitømøtt tɛʃt]
pescador (m)	halász	[hɒlaːs]
pesca (f)	halászat	[hɒlaːsɒt]
pescar (vt)	halászik	[hɒlaːsik]
vara (f) de pesca	horgászbot	[horga:sbot]
linha (f) de pesca	horgászzsinór	[horga:sʒinoːr]
anzol (m)	horog	[horog]
boia (f), flutuador (m)	úszó	[uːsoː]
isca (f)	csalétek	[ʧɒleːtɛk]
lançar a linha	bedobja a horgot	[bɛdobiɒ ɒ horgot]
morder (peixe)	harap	[hɒrɒp]
pesca (f)	halászzsákmány	[hɒlaːs ʒaːkmaːɲ]
buraco (m) no gelo	lék	[leːk]
rede (f)	háló	[haːloː]
barco (m)	csónak	[ʧoːnɒk]
pescar com rede	halászik	[hɒlaːsik]
lançar a rede	beveti a hálót	[bɛvɛti ɒ haːloːt]
puxar a rede	kihúzza a hálót	[kihuːzzɒ ɒ haːloːt]
baleeiro (m)	bálnavadász	[baːlnɒvɒda:s]
baleeira (f)	bálnavadászhajó	[baːlnɒvɒda:shɒjoː]
arpão (m)	szigony	[sigoɲ]

134. Jogos. Bilhar

bilhar (m)	biliárd	[bilia:rd]
sala (f) de bilhar	biliárdszoba	[bilia:rd sobɒ]
bola (f) de bilhar	biliárdgolyó	[bilia:rdgojoː]
embolsar uma bola	elgurítja a golyót	[ɛlguriːсɒ ɒ gojoːt]
taco (m)	dákó	[da:koː]
caçapa (f)	lyuk	[juk]

135. Jogos. Jogar cartas

ouros (m pl)	káró	[ka:ro:]
espadas (f pl)	pikk	[pikk]
copas (f pl)	kőr	[kø:r]
paus (m pl)	treff	[trɛff]
ás (m)	ász	[a:s]
rei (m)	király	[kira:j]
dama (f), rainha (f)	dáma	[da:mɒ]
valete (m)	alsó	[ɒlʃo:]
carta (f) de jogar	kártya	[ka:rcɒ]
cartas (f pl)	kártyák	[ka:rca:k]
trunfo (m)	adu	[ɒdu]
baralho (m)	egy csomag kártya	[ɛɟ ʧomɒg ka:rcɒ]
dar, distribuir (vt)	kioszt	[kiost]
embaralhar (vt)	kever	[kɛvɛr]
vez, jogada (f)	lépés	[le:pe:ʃ]
trapaceiro (m)	csaló	[ʧɒlo:]

136. Descanso. Jogos. Diversos

passear (vi)	sétál	[ʃe:ta:l]
passeio (m)	séta	[ʃe:tɒ]
viagem (f) de carro	kirándulás	[kira:ndula:ʃ]
aventura (f)	kaland	[kɒlɒnd]
piquenique (m)	piknik	[piknik]
jogo (m)	játék	[ja:te:k]
jogador (m)	játékos	[ja:te:koʃ]
partida (f)	játszma	[ja:tsmɒ]
colecionador (m)	gyűjtő	[ɟy:jtø:]
colecionar (vt)	gyűjt	[ɟy:jt]
coleção (f)	gyűjtemény	[ɟy:jtɛme:ɲ]
palavras (f pl) cruzadas	keresztrejtvény	[kɛrɛstrɛjtve:ɲ]
hipódromo (m)	lóversenytér	[lo:vɛrʃɛɲte:r]
discoteca (f)	diszkó	[disko:]
sauna (f)	szauna	[sɒunɒ]
loteria (f)	sorsjáték	[ʃorʃja:te:k]
campismo (m)	túra	[tu:rɒ]
acampamento (m)	tábor	[ta:bor]
barraca (f)	sátor	[ʃa:tor]
bússola (f)	iránytű	[ira:ɲty:]
campista (m)	turista	[turiʃtɒ]
ver (vt), assistir à ...	néz	[ne:z]
telespectador (m)	tévénéző	[te:ve:ne:zø:]
programa (m) de TV	tévéprogram	[te:ve: progrɒm]

137. Fotografia

máquina (f) fotográfica	fényképezőgép	[fe:ɲke:pɛzø:ge:p]
foto, fotografia (f)	fénykép	[fe:ɲke:p]
fotógrafo (m)	fényképész	[fe:ɲke:pe:s]
estúdio (m) fotográfico	fotószalon	[foto:sɒlon]
álbum (m) de fotografias	fényképalbum	[fe:ɲke:p ɒlbum]
lente (f) fotográfica	objektív	[objɛkti:v]
lente (f) teleobjetiva	teleobjektív	[tɛlɛobjɛkti:v]
filtro (m)	filter	[filtɛr]
lente (f)	lencse	[lɛntʃɛ]
ótica (f)	optika	[optikɒ]
abertura (f)	fényrekesz	[fe:ɲrɛkɛs]
exposição (f)	exponálás	[ɛkspona:la:ʃ]
visor (m)	képkereső	[ke:pkɛrɛʃø:]
câmera (f) digital	digitális	[digita:liʃ
	fényképezőgép	fe:ɲke:pɛzø:ge:p]
tripé (m)	statív	[ʃtɒtiv]
flash (m)	vaku	[vɒku]
fotografar (vt)	fényképez	[fe:ɲke:pɛz]
tirar fotos	fényképez	[fe:ɲke:pɛz]
fotografar-se (vr)	lefényképezteti magát	[lɛfe:ɲke:pɛztɛti mɒga:t]
foco (m)	fókusz	[fo:kus]
focar (vt)	élessé tesz	[e:lɛʃe: tɛs]
nítido (adj)	éles	[e:lɛʃ]
nitidez (f)	élesség	[e:lɛʃe:g]
contraste (m)	kontraszt	[kontrɒst]
contrastante (adj)	kontrasztos	[kontrɒstoʃ]
retrato (m)	felvétel	[fɛlve:tɛl]
negativo (m)	negatív	[nɛgɒti:v]
filme (m)	film	[film]
fotograma (m)	filmkocka	[filmkotskɒ]
imprimir (vt)	nyomtat	[ɲomtɒt]

138. Praia. Natação

praia (f)	strand	[ʃtrɒnd]
areia (f)	homok	[homok]
deserto (adj)	puszta	[pustɒ]
bronzeado (m)	lesülés	[lɛʃyle:ʃ]
bronzear-se (vr)	lesül	[lɛʃyl]
bronzeado (adj)	lesült	[lɛʃylt]
protetor (m) solar	napolaj	[nɒpolɒj]
biquíni (m)	bikini	[bikini]

| maiô (m) | fürdőruha | [fyrdø:ruhɒ] |
| calção (m) de banho | fürdőnadrág | [fyrdø:nɒdra:g] |

piscina (f)	uszoda	[usodɒ]
nadar (vi)	úszik	[u:sik]
chuveiro (m), ducha (f)	zuhany	[zuhɒɲ]
mudar, trocar (vt)	átöltözik	[a:tøltøzik]
toalha (f)	törülköző	[tørylkøzø:]

| barco (m) | csónak | [ʧo:nɒk] |
| lancha (f) | motorcsónak | [motor ʧo:nɒk] |

esqui (m) aquático	vízisí	[vi:ziʃi:]
barco (m) de pedais	vízibicikli	[vi:zi bitsikli]
surf, surfe (m)	szörfözés	[sørføze:ʃ]
surfista (m)	szörföző	[sørføzø:]

equipamento (m) de mergulho	könnyűbúvárfelszerelés	[kønɲy:bu:va:rfɛlsɛrɛle:ʃ]
pé (m pl) de pato	uszony	[usoɲ]
máscara (f)	maszk	[mɒsk]
mergulhador (m)	búvár	[bu:va:r]
mergulhar (vi)	búvárkodik	[bu:va:rkodik]
debaixo d'água	víz alatt	[vi:z ɒlɒtt]

guarda-sol (m)	esernyő	[ɛʃɛrɲø:]
espreguiçadeira (f)	napozóágy	[nɒpozo:a:ɟ]
óculos (m pl) de sol	szemüveg	[sɛmyvɛg]
colchão (m) de ar	gumimatrac	[gumimɒtrɒts]

| brincar (vi) | játszik | [ja:tsik] |
| ir nadar | fürdik | [fyrdik] |

bola (f) de praia	labda	[lɒbdɒ]
encher (vt)	felfúj	[fɛlfu:j]
inflável (adj)	felfújható	[fɛlfu:jhɒto:]

onda (f)	hullám	[hulla:m]
boia (f)	bója	[bo:jɒ]
afogar-se (vr)	vízbe fullad	[vi:zbɛ fullɒd]

salvar (vt)	megment	[mɛgmɛnt]
colete (m) salva-vidas	mentőmellény	[mɛntø:mɛlle:ɲ]
observar (vt)	figyel	[fiɟɛl]
salva-vidas (pessoa)	mentő	[mɛntø:]

EQUIPAMENTO TÉCNICO. TRANSPORTES

Equipamento técnico. Transportes

139. Computador

computador (m)	számítógép	[sa:mi:to:ge:p]
computador (m) portátil	laptop	[lɒptop]
ligar (vt)	bekapcsol	[bɛkɒptʃol]
desligar (vt)	kikapcsol	[kikɒptʃol]
teclado (m)	billentyűzet	[billɛɲcy:zɛt]
tecla (f)	billentyű	[billɛɲcy:]
mouse (m)	egér	[ɛge:r]
tapete (m) para mouse	egérpad	[ɛge:rpɒd]
botão (m)	gomb	[gomb]
cursor (m)	kurzor	[kurzor]
monitor (m)	monitor	[monitor]
tela (f)	képernyő	[ke:pɛrɲø:]
disco (m) rígido	merevlemez	[mɛrɛvlɛmɛz]
memória (f)	memória	[mɛmo:riɒ]
memória RAM (f)	RAM	[rɒm]
arquivo (m)	fájl	[fa:jl]
pasta (f)	mappa	[mɒppɒ]
abrir (vt)	nyit	[ɲit]
fechar (vt)	zár	[za:r]
salvar (vt)	ment	[mɛnt]
deletar (vt)	töröl	[tørøl]
copiar (vt)	másol	[ma:ʃol]
ordenar (vt)	osztályoz	[osta:joz]
copiar (vt)	átír	[a:ti:r]
programa (m)	program	[progrɒm]
software (m)	szoftver	[softvɛr]
programador (m)	programozó	[progrɒmozo:]
programar (vt)	programoz	[progrɒmoz]
hacker (m)	hacker	[hɒkɛr]
senha (f)	jelszó	[jɛlso:]
vírus (m)	vírus	[vi:ruʃ]
detectar (vt)	megtalál	[mɛgtɒla:l]
byte (m)	byte	[bɒjt]
megabyte (m)	megabyte	[mɛgɒbɒjt]

| dados (m pl) | adatok | [ɒdɒtok] |
| base (f) de dados | adatbázis | [ɒdɒtbaːziʃ] |

cabo (m)	kábel	[kaːbɛl]
desconectar (vt)	szétkapcsol	[seːtkɒpt͡ʃol]
conectar (vt)	hozzákapcsol	[hozzaːkɒpt͡ʃol]

140. Internet. E-mail

internet (f)	internet	[intɛrnɛt]
browser (m)	böngésző	[bøŋgeːsøː]
motor (m) de busca	kereső program	[kɛrɛʃøː progrɒm]
provedor (m)	szolgáltató	[solgaːltɒtoː]

webmaster (m)	webgazda	[vɛbgɒzdɒ]
website (m)	weboldal	[vɛboldɒl]
web page (f)	weboldal	[vɛboldɒl]

| endereço (m) | cím | [tsiːm] |
| livro (m) de endereços | címkönyv | [tsiːmkøɲv] |

| caixa (f) de correio | postaláda | [poʃtɒlaːdɒ] |
| correio (m) | posta | [poʃtɒ] |

mensagem (f)	levél	[lɛveːl]
remetente (m)	feladó	[fɛlɒdoː]
enviar (vt)	felad	[fɛlɒd]
envio (m)	feladás	[fɛlɒdaːʃ]

| destinatário (m) | címzett | [tsiːmzɛtt] |
| receber (vt) | kap | [kɒp] |

| correspondência (f) | levelezés | [lɛvɛlɛzeːʃ] |
| corresponder-se (vr) | levelez | [lɛvɛlɛz] |

arquivo (m)	fájl	[faːjl]
fazer download, baixar (vt)	letölt	[lɛtølt]
criar (vt)	teremt	[tɛrɛmt]
deletar (vt)	töröl	[tørøl]
deletado (adj)	törölt	[tørølt]

conexão (f)	kapcsolat	[kɒpt͡ʃolɒt]
velocidade (f)	sebesség	[ʃɛbɛʃeːg]
modem (m)	modem	[modɛm]
acesso (m)	hozzáférés	[hozːaːfeːreːʃ]
porta (f)	port	[port]

| conexão (f) | csatlakozás | [t͡ʃɒtlɒkozaːʃ] |
| conectar (vi) | csatlakozik | [t͡ʃɒtlɒkozik] |

| escolher (vt) | választ | [vaːlɒst] |
| buscar (vt) | keres | [kɛrɛʃ] |

Transportes

141. Avião

avião (m)	repülőgép	[rɛpylø:ge:p]
passagem (f) aérea	repülőjegy	[rɛpylø:jɛɟ]
companhia (f) aérea	légitársaság	[le:gi ta:rʃɒʃa:g]
aeroporto (m)	repülőtér	[rɛpylø:te:r]
supersônico (adj)	szuperszónikus	[supɛrso:nikuʃ]
comandante (m) do avião	kapitány	[kɒpita:ɲ]
tripulação (f)	személyzet	[sɛme:jzɛt]
piloto (m)	pilóta	[pilo:tɒ]
aeromoça (f)	légikisasszony	[le:gikiʃɒssoɲ]
copiloto (m)	navigátor	[nɒviga:tor]
asas (f pl)	szárnyak	[sa:rɲɒk]
cauda (f)	vég	[ve:g]
cabine (f)	fülke	[fylkɛ]
motor (m)	motor	[motor]
trem (m) de pouso	futómű	[futo:my:]
turbina (f)	turbina	[turbinɒ]
hélice (f)	légcsavar	[le:gʧɒvɒr]
caixa-preta (f)	fekete doboz	[fɛkɛtɛ doboz]
coluna (f) de controle	kormány	[korma:ɲ]
combustível (m)	üzemanyag	[yzɛmɒɲɒg]
instruções (f pl) de segurança	instrukció	[inʃtruktsio:]
máscara (f) de oxigênio	oxigénmaszk	[oksige:nmɒsk]
uniforme (m)	egyenruha	[ɛɟɛnruhɒ]
colete (m) salva-vidas	mentőmellény	[mɛntø:mɛlle:ɲ]
paraquedas (m)	ejtőernyő	[ɛjtø:ɛrɲø:]
decolagem (f)	felszállás	[fɛlsa:lla:ʃ]
descolar (vi)	felszáll	[fɛlsa:ll]
pista (f) de decolagem	kifutópálya	[kifuto:pa:jɒ]
visibilidade (f)	láthatóság	[la:thɒto:ʃa:g]
voo (m)	repülés	[rɛpyle:ʃ]
altura (f)	magasság	[mɒgɒʃa:g]
poço (m) de ar	turbulencia	[turbulɛntsiɒ]
assento (m)	hely	[hɛj]
fone (m) de ouvido	fejhallgató	[fɛjhɒllgɒto:]
mesa (f) retrátil	felhajtható asztal	[fɛlhɒjthɒto: ɒstɒl]
janela (f)	repülőablak	[rɛpylø:ɒblɒk]
corredor (m)	járat	[ja:rɒt]

129

142. Comboio

trem (m)	vonat	[vonɒt]
trem (m) elétrico	villanyvonat	[villɒɲvonɒt]
trem (m)	gyorsvonat	[ɟørʃvonɒt]
locomotiva (f) diesel	dízelmozdony	[di:zɛlmozdoɲ]
locomotiva (f) a vapor	gőzmozdony	[gø:zmozdoɲ]
vagão (f) de passageiros	személykocsi	[sɛme:jkotʃi]
vagão-restaurante (m)	étkezőkocsi	[e:tkɛzø:kotʃi]
carris (m pl)	sín	[ʃi:n]
estrada (f) de ferro	vasút	[vɒʃu:t]
travessa (f)	talpfa	[tɒlpfɒ]
plataforma (f)	peron	[pɛron]
linha (f)	vágány	[va:ga:ɲ]
semáforo (m)	karjelző	[kɒrjɛlzø:]
estação (f)	állomás	[a:lloma:ʃ]
maquinista (m)	vonatvezető	[vonɒtvɛzɛtø:]
bagageiro (m)	hordár	[horda:r]
hospedeiro, -a (m, f)	kalauz	[kɒlɒuz]
passageiro (m)	utas	[utɒʃ]
revisor (m)	ellenőr	[ɛllɛnø:r]
corredor (m)	folyosó	[fojoʃo:]
freio (m) de emergência	vészfék	[ve:sfe:k]
compartimento (m)	fülke	[fylkɛ]
cama (f)	polc	[polts]
cama (f) de cima	felső polc	[fɛlʃø: polts]
cama (f) de baixo	alsó polc	[ɒlʃo: polts]
roupa (f) de cama	ágynemű	[a:ɟnɛmy:]
passagem (f)	jegy	[jɛɟ]
horário (m)	menetrend	[mɛnɛtrɛnd]
painel (m) de informação	tabló	[tɒblo:]
partir (vt)	indul	[indul]
partida (f)	indulás	[indula:ʃ]
chegar (vi)	érkezik	[e:rkɛzik]
chegada (f)	érkezés	[e:rkɛze:ʃ]
chegar de trem	vonaton érkezik	[vonɒton e:rkɛzik]
pegar o trem	felszáll a vonatra	[fɛlsa:ll ɒ vonɒtrɒ]
doooor do trom	leszáll a vonatról	[lɛsa:ll ɒ vonɒtro:l]
acidente (m) ferroviário	vasúti szerencsétlenség	[vɒʃu:ti sɛrɛntʃe:tlɛnʃe:g]
locomotiva (f) a vapor	gőzmozdony	[gø:zmozdoɲ]
foguista (m)	kazánfűtő	[kɒza:nfy:tø:]
fornalha (f)	tűztér	[ty:zte:r]
carvão (m)	szén	[se:n]

143. Barco

| navio (m) | hajó | [hɒjo:] |
| embarcação (f) | vízi jármű | [vi:zi ja:rmy:] |

barco (m) a vapor	gőzhajó	[gø:zhɒjo:]
barco (m) fluvial	motoros hajó	[motoroʃ hɒjo:]
transatlântico (m)	óceánjáró	[o:tsɛa:nja:ro:]
cruzeiro (m)	cirkáló	[tsirka:lo:]

iate (m)	jacht	[jɒxt]
rebocador (m)	vontatóhajó	[vontɒto: hɒjo:]
barcaça (f)	uszály	[usa:j]
ferry (m)	komp	[komp]

| veleiro (m) | vitorlás hajó | [vitorla:ʃ hɒjo:] |
| bergantim (m) | brigantine | [brigantin] |

| quebra-gelo (m) | jégtörő hajó | [je:gtørø: hɒjo:] |
| submarino (m) | tengeralattjáró | [tɛŋgɛrɒlɒttja:ro:] |

bote, barco (m)	csónak	[ʧo:nɒk]
baleeira (bote salva-vidas)	csónak	[ʧo:nɒk]
bote (m) salva-vidas	mentőcsónak	[mɛntø:ʧo:nɒk]
lancha (f)	motorcsónak	[motor ʧo:nɒk]

capitão (m)	kapitány	[kɒpita:ɲ]
marinheiro (m)	tengerész	[tɛŋgɛre:s]
marujo (m)	tengerész	[tɛŋgɛre:s]
tripulação (f)	személyzet	[sɛme:jzɛt]

contramestre (m)	fedélzetmester	[fɛde:lzɛtmɛʃtɛr]
grumete (m)	matrózinas	[mɒtro:zinɒʃ]
cozinheiro (m) de bordo	hajószakács	[hɒjo:sɒka:ʧ]
médico (m) de bordo	hajóorvos	[hɒjo:orvoʃ]

convés (m)	fedélzet	[fɛde:lzɛt]
mastro (m)	árboc	[a:rbots]
vela (f)	vitorla	[vitorlɒ]

porão (m)	hajóűr	[hɒjo:y:r]
proa (f)	orr	[orr]
popa (f)	hajófar	[hɒjo:fɒr]
remo (m)	evező	[ɛvɛzø:]
hélice (f)	csavar	[ʧɒvɒr]

cabine (m)	hajófülke	[hɒjo:fylkɛ]
sala (f) dos oficiais	társalgó	[ta:rʃɒlgo:]
sala (f) das máquinas	gépház	[ge:pha:z]
ponte (m) de comando	parancsnoki híd	[pɒrɒnʧnoki hi:d]
sala (f) de comunicações	rádiófülke	[ra:dio:fylkɛ]
onda (f)	hullám	[hulla:m]
diário (m) de bordo	hajónapló	[hɒjo:nɒplo:]
luneta (f)	távcső	[ta:vʧø:]
sino (m)	harang	[hɒrɒŋg]

bandeira (f)	zászló	[za:slo:]
cabo (m)	kötél	[køte:l]
nó (m)	tengeri csomó	[tɛŋgɛri ʧomo:]

corrimão (m)	korlát	[korla:t]
prancha (f) de embarque	hajólépcső	[hɒjo:le:pʧøː]

âncora (f)	horgony	[horgoɲ]
recolher a âncora	horgonyt felszed	[horgoɲt fɛlsɛd]
jogar a âncora	horgonyt vet	[horgoɲt vɛt]
amarra (corrente de âncora)	horgonylánc	[horgoɲlaːnts]

porto (m)	kikötő	[kikøtøː]
cais, amarradouro (m)	móló, kikötő	[mo:lo:], [kikøtøː]
atracar (vi)	kiköt	[kikøt]
desatracar (vi)	elold	[ɛlold]

viagem (f)	utazás	[utɒza:ʃ]
cruzeiro (m)	hajóút	[hɒjo:u:t]
rumo (m)	irány	[ira:ɲ]
itinerário (m)	járat	[ja:rɒt]

canal (m) de navegação	hajózható út	[hɒjo:zhɒto: u:t]
banco (m) de areia	zátony	[za:toɲ]
encalhar (vt)	zátonyra fut	[za:toɲrɒ fut]

tempestade (f)	vihar	[vihɒr]
sinal (m)	jelzés	[jɛlze:ʃ]
afundar-se (vr)	elmerül	[ɛlmɛryl]
SOS	SOS	[sos]
boia (f) salva-vidas	mentőöv	[mɛntø:øv]

144. Aeroporto

aeroporto (m)	repülőtér	[rɛpylø:te:r]
avião (m)	repülőgép	[rɛpylø:ge:p]
companhia (f) aérea	légitársaság	[le:gi ta:rʃɒʃa:g]
controlador (m) de tráfego aéreo	diszpécser	[dispe:ʧɛr]

partida (f)	elrepülés	[ɛlrɛpyle:ʃ]
chegada (f)	megérkezés	[mɛge:rkɛze:ʃ]
chegar (vi)	megérkezik	[mɛge:rkɛzik]

hora (f) de partida	az indulás ideje	[ɒz indula:ʃ idɛjɛ]
hora (f) de chegada	a leszállás ideje	[ɒ lɛsa:lla:ʃ idɛjɛ]

estar atrasado	késik	[ke:ʃik]
atraso (m) de voo	a felszállás késése	[ɒ fɛlsa:lla:ʃ ke:ʃe:ʃɛ]

painel (m) de informação	tájékoztató tabló	[ta:je:koztɒto: tɒblo:]
informação (f)	információ	[informa:tsio:]
anunciar (vt)	bemond	[bɛmond]
voo (m)	járat	[ja:rɒt]

alfândega (f)	vám	[va:m]
funcionário (m) da alfândega	vámos	[va:moʃ]
declaração (f) alfandegária	vámnyilatkozat	[va:mɲilɒtkozɒt]
preencher (vt)	tölt	[tølt]
controle (m) de passaporte	útlevélvizsgálat	[u:tlɛve:lviʒga:lɒt]
bagagem (f)	poggyász	[poɟɟa:s]
bagagem (f) de mão	kézipoggyász	[ke:zipodɟa:s]
carrinho (m)	kocsi	[kotʃi]
pouso (m)	leszállás	[lɛsa:lla:ʃ]
pista (f) de pouso	leszállóhely	[lɛsa:llo:U4947hɛj]
aterrissar (vi)	leszáll	[lɛsa:ll]
escada (f) de avião	utaslépcső	[utɒʃ le:ptʃø:]
check-in (m)	bejegyzés	[bɛjɛɟze:ʃ]
balcão (m) do check-in	jegy és poggyászkezelés	[jɛɟ e:ʃ poɟɟa:s kɛzɛle:ʃ]
fazer o check-in	bejegyzi magát	[bɛjɛɟzi mɒga:t]
cartão (m) de embarque	beszállókártya	[bɛsa:llo:ka:rcɒ]
portão (m) de embarque	kapu	[kɒpu]
trânsito (m)	tranzit	[trɒnzit]
esperar (vi, vt)	vár	[va:r]
sala (f) de espera	váróterem	[va:ro:tɛrɛm]
despedir-se (acompanhar)	kísér	[ki:ʃe:r]
despedir-se (dizer adeus)	elbúcsúzik	[ɛlbu:tʃu:zik]

145. Bicicleta. Motocicleta

bicicleta (f)	kerékpár	[kɛre:kpa:r]
lambreta (f)	robogó	[robogo:]
moto (f)	motorkerékpár	[motorkɛre:kpa:r]
ir de bicicleta	biciklizik	[bitsiklizik]
guidão (m)	kormány	[korma:ɲ]
pedal (m)	pedál	[pɛda:l]
freios (m pl)	fék	[fe:k]
banco, selim (m)	nyereg	[ɲɛrɛg]
bomba (f)	szivattyú	[sivɒc:u:]
bagageiro (m) de teto	csomagtartó	[tʃomɒgtɒrto:]
lanterna (f)	lámpa	[la:mpɒ]
capacete (m)	sisak	[ʃiʃɒk]
roda (f)	kerék	[kɛre:k]
para-choque (m)	sárhányó	[sa:rha:nø:]
aro (m)	felni	[fɛlni]
raio (m)	küllő	[kyllø:]

133

Carros

146. Tipos de carros

carro, automóvel (m)	autó	[ɒuto:]
carro (m) esportivo	sportautó	[ʃport ɒuto:]
limusine (f)	limuzin	[limuzin]
todo o terreno (m)	terepjáró	[tɛrɛpja:ro:]
conversível (m)	kabrió	[kabrio:]
minibus (m)	mikrobusz	[mikrobus]
ambulância (f)	mentőautó	[mɛntø:ɒuto:]
caminhão (m)	teherautó	[tɛhɛrɒuto:]
caminhão-tanque (m)	tartálykocsi	[tɒrta:jkoʧi]
perua, van (f)	furgon	[furgon]
caminhão-trator (m)	vontató gép	[vontɒto: ge:p]
reboque (m)	pótkocsi	[po:tkoʧi]
confortável (adj)	kényelmes	[ke:nɛlmɛʃ]
usado (adj)	használt	[hɒsna:lt]

147. Carros. Carroçaria

capô (m)	motorháztető	[motorha:z tɛtø:]
para-choque (m)	sárvédő	[ʃa:rve:dø:]
teto (m)	tető	[tɛtø:]
para-brisa (m)	szélvédő	[se:lve:dø:]
retrovisor (m)	visszapillantó tükör	[vissɒpillɒnto: tykør]
esguicho (m)	ablakmosó	[ɒblɒk moʃo:]
limpadores (m) de para-brisas	ablaktörlő	[ɒblɒktørlø:]
vidro (m) lateral	oldalablak	[oldɒl ɒblɒk]
elevador (m) do vidro	ablakemelő	[ɒblɒkɛmɛlø:]
antena (f)	antenna	[ɒntɛnnɒ]
teto (m) solar	tolótető	[tolo:tɛtø:]
para-choque (m)	lökhárító	[løkha:ri:to:]
porta-malas (f)	csomagtartó	[ʧomɒgtɒrto:]
porta (f)	ajtó	[ɒjto:]
maçaneta (f)	kilincs	[kilinʧ]
fechadura (f)	zár	[za:r]
placa (f)	rendszámtábla	[rɛntsa:mta:blɒ]
silenciador (m)	hangtompító	[hɒng tompi:to:]
tanque (m) de gasolina	benzintartály	[bɛnzintɒrta:j]
tubo (m) de exaustão	kipufogócső	[kipufogo:ʧø:]

acelerador (m)	gáz	[ga:z]
pedal (m)	pedál	[pɛda:l]
pedal (m) do acelerador	gázpedál	[ga:zpɛda:l]

freio (m)	fék	[fe:k]
pedal (m) do freio	fékpedál	[fe:kpɛda:l]
frear (vt)	fékez	[fe:kɛz]
freio (m) de mão	kézifék	[ke:zife:k]

embreagem (f)	kuplung	[kupluŋg]
pedal (m) da embreagem	kuplungpedál	[kupluŋg pɛda:l]
disco (m) de embreagem	kuplungtárcsa	[kupluŋg ta:rtʃɒ]
amortecedor (m)	lengéscsillapító	[lɛŋge:ʃtʃillɒpi:to:]

roda (f)	kerék	[kɛre:k]
pneu (m) estepe	pótkerék	[po:tkɛre:k]
calota (f)	dísztárcsa	[di:sta:rtʃɒ]

rodas (f pl) motrizes	hajtókerekek	[hɒjto: kɛrɛkɛk]
de tração dianteira	elsőkerékmeghajtású	[ɛlʃø: kɛre:kmɛghɒjta:ʃu:]
de tração traseira	hátsókerékmeghajtású	[ha:tʃo:kɛre:kmɛghɒjta:ʃu:]
de tração às 4 rodas	négykerékmeghajtású	[ne:ckɛre:kmɛghɒjta:ʃu:]

caixa (f) de mudanças	sebességváltó	[ʃɛbɛʃe:gva:lto:]
automático (adj)	automatikus	[ɒutomɒtikuʃ]
mecânico (adj)	mechanikus	[mɛhɒnikuʃ]
alavanca (f) de câmbio	sebességváltókar	[ʃɛbɛʃe:g va:lto:kɒr]

| farol (m) | fényszóró | [fe:ɲso:ro:] |
| faróis (m pl) | fényszóró | [fe:ɲso:ro:] |

farol (m) baixo	tompított fényszóró	[tompi:tott fe:ɲso:ro:]
farol (m) alto	fényszóró	[fe:ɲso:ro:]
luzes (f pl) de parada	stoplámpa	[ʃtopla:mpɒ]

luzes (f pl) de posição	helyzetjelző lámpa	[hɛjzɛtjɛlzø: la:mpɒ]
luzes (f pl) de emergência	villogó lámpa	[villogo: la:mpɒ]
faróis (m pl) de neblina	ködlámpa	[kødla:mpɒ]
pisca-pisca (m)	indexlámpa	[indɛksla:mpɒ]
luz (f) de marcha ré	tolatólámpa	[tolɒto: la:mpɒ]

148. Carros. Habitáculo

interior (do carro)	utastér	[utaste:r]
de couro	bőr	[bø:r]
de veludo	velúr	[vɛlu:r]
estofamento (m)	kárpitozás	[ka:rpitoza:ʃ]

indicador (m)	készülék	[ke:syle:k]
painel (m)	szerelvényfal	[sɛrɛlve:ɲfɒl]
velocímetro (m)	sebességmérő	[ʃɛbɛʃe:gme:rø:]
ponteiro (m)	mutató	[mutɒto:]
hodômetro, odômetro (m)	kilométerszámláló	[kilome:tɛrsa:mla:lo:]
indicador (m)	érzékelő	[e:rze:kɛlø:]

| nível (m) | szint | [sint] |
| luz (f) de aviso | figyelmeztető lámpa | [fiɟɛlmɛstɛtø: la:mpɒ] |

volante (m)	kormány	[korma:ɲ]
buzina (f)	kürt	[kyrt]
botão (m)	gomb	[gomb]
interruptor (m)	átkapcsoló	[a:tkɒptʃolo:]

assento (m)	ülés	[yle:ʃ]
costas (f pl) do assento	támla	[ta:mlɒ]
cabeceira (f)	fejtámla	[fɛjta:mlɒ]
cinto (m) de segurança	biztonsági öv	[bistonʃa:gi øv]
apertar o cinto	övet csatol	[øvɛt tʃɒtol]
ajuste (m)	szabályozás	[sɒba:joza:ʃ]

| airbag (m) | légpárna | [le:gpa:rnɒ] |
| ar (m) condicionado | légkondicionáló | [le:gkonditsiona:lo:] |

rádio (m)	rádió	[ra:dio:]
leitor (m) de CD	CDlejátszó	[tsɛdɛlɛja:tso:]
ligar (vt)	bekapcsol	[bɛkɒptʃol]
antena (f)	antenna	[ɒntɛnnɒ]
porta-luvas (m)	kesztyűtartó	[kɛscytɒrto:]
cinzeiro (m)	hamutartó	[hɒmutɒrto:]

149. Carros. Motor

motor (m)	motor	[motor]
a diesel	diesel	[dizɛl]
a gasolina	benzin	[bɛnzin]

cilindrada (f)	hengerűrtartalom	[hɛngɛr y:r tɒrtɒlom]
potência (f)	teljesítmény	[tɛjɛʃi:tme:ɲ]
cavalo (m) de potência	lóerő	[lo:ɛrø:]
pistão (m)	dugattyú	[dugɒc:u:]
cilindro (m)	henger	[hɛngɛr]
válvula (f)	szelep	[sɛlɛp]

injetor (m)	injektor	[inʒɛktor]
gerador (m)	generátor	[gɛnɛra:tor]
carburador (m)	karburátor	[kɒrbura:tor]
óleo (m) de motor	motorolaj	[motorolɒj]

radiador (m)	radiátor	[rɒdia:tor]
líquido (m) de arrefecimento	hűtővíz	[hy:tø:vi:z]
ventilador (m)	ventilátor	[vɛntila:tor]

bateria (f)	akkumulátor	[ɒkkumula:tor]
dispositivo (m) de arranque	indító	[indi:to:]
ignição (f)	gyújtó	[ɟu:jto:]
vela (f) de ignição	gyújtógyertya	[ɟu:jto:ɟɛrcɒ]

| terminal (m) | csatlakozócsavar | [tʃɒtlɒkozo:tʃɒvɒr] |
| terminal (m) positivo | plusz | [plus] |

| terminal (m) negativo | mínusz | [mi:nus] |
| fusível (m) | biztosíték | [bistoʃi:te:k] |

filtro (m) de ar	légszűrő	[le:gsy:rø:]
filtro (m) de óleo	olajszűrő	[olɒjsy:rø:]
filtro (m) de combustível	üzemanyagszűrő	[yzɛmɒɲɒgsy:rø:]

150. Carros. Batidas. Reparação

acidente (m) de carro	baleset	[bɒlɛʃɛt]
acidente (m) rodoviário	közlekedési baleset	[køzlɛkɛde:ʃi bɒlɛʃɛt]
bater (~ num muro)	belerohan	[bɛlɛrohɒn]
sofrer um acidente	karambolozik	[kɒrɒmbolozik]
dano (m)	kár	[ka:r]
intato	sértetlen	[ʃe:rtɛtlɛn]

| avariar (vi) | eltörik | [ɛltørik] |
| cabo (m) de reboque | vontatókötél | [vontɒto:køte:l] |

furo (m)	gumi defekt	[gumi dɛfɛkt]
estar furado	leenged	[lɛɛŋgɛd]
encher (vt)	felfúj	[fɛlfu:j]
pressão (f)	nyomás	[ɲoma:ʃ]
verificar (vt)	ellenőriz	[ɛllɛnø:riz]

reparo (m)	javítás	[jɒvi:ta:ʃ]
oficina (f) automotiva	szerviz	[sɛrvis]
peça (f) de reposição	pótalkatrész	[po:tɒlkɒtre:s]
peça (f)	alkatrész	[ɒlkɒtre:s]

parafuso (com porca)	csavar	[ʧɒvɒr]
parafuso (m)	csavar	[ʧɒvɒr]
porca (f)	csavaranya	[ʧɒvɒrɒɲɒ]
arruela (f)	alátétlemez	[ɒla:te:tlɛmɛz]
rolamento (m)	csapágy	[ʧɒpa:ɟ]

tubo (m)	cső	[ʧø:]
junta, gaxeta (f)	alátét	[ɒla:te:t]
fio, cabo (m)	vezeték	[vɛzɛte:k]

macaco (m)	emelő	[ɛmɛlø:]
chave (f) de boca	csavarkulcs	[ʧɒvɒr kulʧ]
martelo (m)	kalapács	[kɒlɒpa:ʧ]
bomba (f)	szivattyú	[sivɒc:u:]
chave (f) de fenda	csavarhúzó	[ʧɒvɒrhu:zo:]

extintor (m)	tűzoltó készülék	[ty:zolto: ke:syle:k]
morrer (motor)	lefullaszt	[lɛfullɒst]
paragem, "morte" (f)	leállítás	[lɛa:lli:ta:ʃ]
estar quebrado	el van törve	[ɛl vɒn tørvɛ]

superaquecer-se (vr)	túlmelegszik	[tu:lmɛlɛgsik]
entupir-se (vr)	eldugul	[ɛldugul]
congelar-se (vr)	megfagy	[mɛgfɒɟ]

137

rebentar (vi)	elreped	[ɛlrɛpɛd]
pressão (f)	nyomás	[ɲoma:ʃ]
nível (m)	szint	[sint]
frouxo (adj)	ernyedt	[ɛrɲɛtt]

batida (f)	horpadás	[horpɒda:ʃ]
ruído (m)	kopogás	[kopoga:ʃ]
fissura (f)	repedés	[rɛpɛde:ʃ]
arranhão (m)	karcolás	[kɒrtsola:ʃ]

151. Carros. Estrada

estrada (f)	út	[u:t]
autoestrada (f)	autópálya	[ɒuto:pa:jɒ]
rodovia (f)	országút	[orsa:gu:t]
direção (f)	irány	[ira:ɲ]
distância (f)	távolság	[ta:volʃa:g]

ponte (f)	híd	[hi:d]
parque (m) de estacionamento	parkolóhely	[pɒrkolo:hɛj]
praça (f)	tér	[te:r]
nó (m) rodoviário	autópálya kereszteződése	[ɒuto:pa:jɒ kɛrɛstɛzø:de:sɛ]
túnel (m)	alagút	[ɒlɒgu:t]

posto (m) de gasolina	benzinkút	[bɛnziŋku:t]
parque (m) de estacionamento	parkolóhely	[pɒrkolo:hɛj]
bomba (f) de gasolina	kútoszlop	[ku:toslop]
oficina (f) automotiva	autóműhely	[ɒutomy:hɛj]
abastecer (vt)	feltölt	[fɛltølt]
combustível (m)	üzemanyag	[yzɛmɒɲɒg]
galão (m) de gasolina	kanna	[kɒnnɒ]

asfalto (m)	aszfalt	[ɒsfɒlt]
marcação (f) de estradas	indexálás	[indɛksa:la:ʃ]
meio-fio (m)	útszegély	[u:tsɛge:j]
guard-rail (m)	kerítés	[kɛri:te:ʃ]
valeta (f)	útárok	[u:ta:rok]
acostamento (m)	útszél	[u:tse:l]
poste (m) de luz	utcai lámpa	[uts:ɒj la:mpɒ]

dirigir (vt)	vezet	[vɛzɛt]
virar (~ para a direita)	fordul	[fordul]
dar retorno	visszafordul	[vis:ɒfordul]
ré (f)	tolatás	[tolɒta:ʃ]

buzinar (vi)	jelez	[jɛlɛz]
buzina (f)	hangjel	[hɒŋgjɛl]
atolar oo (vi)	elakad	[ɛlɒkɒd]
patinar (na lama)	megcsúszni	[mɛktʃu:sni]
desligar (vt)	lefojt	[lɛfojt]

velocidade (f)	sebesség	[ʃɛbɛʃe:g]
exceder a velocidade	túllépi a sebességet	[tu:lle:pi ɒ ʃɛbɛʃe:gɛt]
multar (vt)	büntet	[byntɛt]

| semáforo (m) | lámpa | [la:mpɒ] |
| carteira (f) de motorista | jogosítvány | [jogoʃi:tva:ɲ] |

passagem (f) de nível	átjáró	[a:tja:ro:]
cruzamento (m)	kereszteződés	[kɛrɛstɛzø:de:s]
faixa (f)	zebra	[zɛbrɒ]
curva (f)	forduló	[fordulo:]
zona (f) de pedestres	gyalogút	[ɟologu:t]

PESSOAS. EVENTOS

Eventos

152. Férias. Evento

festa (f)	ünnep	[ynnɛp]
feriado (m) nacional	nemzeti ünnep	[nɛmzɛti ynnɛp]
feriado (m)	ünnepnap	[ynnɛpnɒp]
festejar (vt)	ünnepel	[ynnɛpɛl]
evento (festa, etc.)	esemény	[ɛʃɛmeːɲ]
evento (banquete, etc.)	rendezvény	[rɛndɛzveːɲ]
banquete (m)	díszvacsora	[diːsvɒʧorɒ]
recepção (f)	fogadás	[fogɒdaːʃ]
festim (m)	lakoma	[lɒkomɒ]
aniversário (m)	évforduló	[eːvfordulоː]
jubileu (m)	jubileum	[jubilɛum]
celebrar (vt)	megemlékezik	[mɛgɛmleːkɛzik]
Ano (m) Novo	Újév	[uːjeːv]
Feliz Ano Novo!	Boldog Újévet!	[boldog uːjeːvɛt]
Natal (m)	karácsony	[kɒraːʧoɲ]
Feliz Natal!	Boldog karácsonyt!	[boldog kɒraːʧoɲt]
árvore (f) de Natal	karácsonyfa	[kɒraːʧoɲfɒ]
fogos (m pl) de artifício	tűzijáték	[tyːzijaːteːk]
casamento (m)	lakodalom	[lɒkodɒlom]
noivo (m)	vőlegény	[vøːlɛgeːɲ]
noiva (f)	mennyasszony	[mɛɲɲɒssoɲ]
convidar (vt)	meghív	[mɛghiːv]
convite (m)	meghívó	[mɛghiːvoː]
convidado (m)	vendég	[vɛndeːg]
visitar (vt)	vendégségbe megy	[vɛndeːgʃeːgbɛ mɛɟ]
receber os convidados	vendéget fogad	[vɛndeːgɛt fogɒd]
presente (m)	ajándék	[ɒjaːndeːk]
oferecer, dar (vt)	ajándékoz	[ɒjaːndeːkoz]
receber presentes	ajándékot kap	[ɒjaːndeːkot kɒp]
buquê (m) de flores	csokor	[ʧokor]
felicitações (f pl)	üdvözlet	[ydvøzlɛt]
felicitar (vt)	gratulál	[grɒtulaːl]
cartão (m) de parabéns	üdvözlő képeslap	[ydvøzløː keːpɛʃlɒp]
enviar um cartão postal	képeslapot küld	[keːpɛʃlɒpot kyld]

receber um cartão postal	képeslapot kap	[ke:pɛʃlɒpot kɒp]
brinde (m)	pohárköszöntő	[poha:rkøsøntø:]
oferecer (vt)	kínál	[ki:na:l]
champanhe (m)	pezsgő	[pɛʒgø:]

divertir-se (vr)	szórakozik	[so:rɒkozik]
diversão (f)	vidámság	[vida:mʃa:g]
alegria (f)	öröm	[ørøm]

dança (f)	tánc	[ta:nts]
dançar (vi)	táncol	[ta:ntsol]

valsa (f)	keringő	[kɛriŋgø:]
tango (m)	tangó	[tɒŋgo:]

153. Funerais. Enterro

cemitério (m)	temető	[tɛmɛtø:]
sepultura (f), túmulo (m)	sír	[ʃi:r]
cruz (f)	kereszt	[kɛrɛst]
lápide (f)	sírkő	[ʃi:rkø:]
cerca (f)	kerítés	[kɛri:te:ʃ]
capela (f)	kápolna	[ka:polnɒ]

morte (f)	halál	[hɒla:l]
morrer (vi)	meghal	[mɛghɒl]
defunto (m)	halott	[hɒlott]
luto (m)	gyász	[ɟa:s]

enterrar, sepultar (vt)	temet	[tɛmɛt]
funerária (f)	temetkezési vállalat	[tɛmɛtkɛze:ʃi va:llɒlɒt]
funeral (m)	temetés	[tɛmɛte:ʃ]

coroa (f) de flores	koszorú	[kosoru:]
caixão (m)	koporsó	[koporʃo:]
carro (m) funerário	ravatal	[rɒvɒtɒl]
mortalha (f)	halotti ruha	[hɒlotti ruhɒ]

urna (f) funerária	urna	[urnɒ]
crematório (m)	krematórium	[krɛmɒto:rium]

obituário (m), necrologia (f)	nekrológ	[nɛkrolo:g]
chorar (vi)	sír	[ʃi:r]
soluçar (vi)	zokog	[zokog]

154. Guerra. Soldados

pelotão (m)	szakasz	[sɒkɒs]
companhia (f)	század	[sa:zɒd]
regimento (m)	ezred	[ɛzrɛd]
exército (m)	hadsereg	[hɒtʃɛrɛg]
divisão (f)	hadosztály	[hɒdosta:j]

esquadrão (m)	csapat	[ʧɒpɒt]
hoste (f)	hadsereg	[hɒʧɛrɛg]

soldado (m)	katona	[kɒtonɒ]
oficial (m)	tiszt	[tist]

soldado (m) raso	közlegény	[køzlɛge:ɲ]
sargento (m)	őrmester	[ø:rmɛʃtɛr]
tenente (m)	hadnagy	[hɒdnɒɟ]
capitão (m)	százados	[sa:zɒdoʃ]
major (m)	őrnagy	[ø:rnɒɟ]
coronel (m)	ezredes	[ɛzrɛdɛʃ]
general (m)	tábornok	[ta:bornok]

marujo (m)	tengerész	[tɛŋgɛre:s]
capitão (m)	kapitány	[kɒpita:ɲ]
contramestre (m)	fedélzetmester	[fɛde:lzɛtmɛʃtɛr]

artilheiro (m)	tüzér	[tyze:r]
soldado (m) paraquedista	deszantos	[dɛsɒntoʃ]
piloto (m)	pilóta	[pilo:tɒ]
navegador (m)	kormányos	[korma:nøʃ]
mecânico (m)	gépész	[ge:pe:s]

sapador-mineiro (m)	utász	[uta:s]
paraquedista (m)	ejtőernyős	[ɛjtø:ɛrɲø:ʃ]
explorador (m)	felderítő	[fɛldɛri:tø:]
atirador (m) de tocaia	mesterlövész	[mɛʃtɛrløve:s]

patrulha (f)	őrjárat	[ø:rja:rɒt]
patrulhar (vt)	őrjáratoz	[ø:rja:rɒtoz]
sentinela (f)	őr	[ø:r]

guerreiro (m)	harcos	[hɒrtsoʃ]
patriota (m)	hazafi	[hɒzɒfi]
herói (m)	hős	[hø:ʃ]
heroína (f)	hősnő	[hø:ʃnø:]

traidor (m)	áruló	[a:rulo:]
desertor (m)	szökevény	[søkve:ɲ]
desertar (vt)	megszökik	[mɛgsøkik]

mercenário (m)	zsoldos	[ʒoldoʃ]
recruta (m)	újonc	[u:jonts]
voluntário (m)	önkéntes	[øɲke:ntɛʃ]

morto (m)	halott	[hɒlott]
ferido (m)	sebesült	[ʃɛbɛʃylt]
prisioneiro (m) de guerra	fogoly	[fogoj]

155. Guerra. Ações militares. Parte 1

guerra (f)	háború	[ha:boru:]
guerrear (vt)	harcol	[hɒrtsol]

guerra (f) civil	polgárháború	[polga:rha:boru:]
perfidamente	alattomos	[alattomos]
declaração (f) de guerra	hadüzenet	[hɒdyzɛnɛt]
declarar guerra	hadat üzen	[hɒdɒt yzɛn]
agressão (f)	agresszió	[ɒgrɛssio:]
atacar (vt)	támad	[ta:mɒd]
invadir (vt)	meghódít	[mɛgho:di:t]
invasor (m)	megszállók	[mɛksa:llo:k]
conquistador (m)	hódító	[ho:di:to:]
defesa (f)	védelem	[ve:dɛlɛm]
defender (vt)	védelmez	[ve:dɛlmɛz]
defender-se (vr)	védekezik	[ve:dɛkɛzik]
inimigo (m)	ellenség	[ɛllɛnʃe:g]
adversário (m)	ellenfél	[ɛllɛnfe:l]
inimigo (adj)	ellenséges	[ɛllɛnʃe:gɛʃ]
estratégia (f)	hadászat	[hɒda:sɒt]
tática (f)	taktika	[tɒktikɒ]
ordem (f)	parancs	[pɒrɒnʧ]
comando (m)	parancs	[pɒrɒnʧ]
ordenar (vt)	parancsol	[pɒrɒnʧol]
missão (f)	megbízás	[mɛgbi:za:ʃ]
secreto (adj)	titkos	[titkoʃ]
batalha (f)	csata	[ʧɒtɒ]
combate (m)	harc	[hɒrts]
ataque (m)	támadás	[ta:mɒda:ʃ]
assalto (m)	roham	[rohɒm]
assaltar (vt)	megrohamoz	[mɛgrohɒmoz]
assédio, sítio (m)	ostrom	[oʃtrom]
ofensiva (f)	támadás	[ta:mɒda:ʃ]
tomar à ofensiva	támad	[ta:mɒd]
retirada (f)	visszavonulás	[vissɒvonula:ʃ]
retirar-se (vr)	visszavonul	[vissɒvonul]
cerco (m)	bekerítés	[bɛkɛri:te:ʃ]
cercar (vt)	körülvesz	[kørylvɛs]
bombardeio (m)	bombázás	[bomba:za:ʃ]
lançar uma bomba	bombáz	[bomba:z]
bombardear (vt)	bombáz	[bomba:z]
explosão (f)	robbanás	[robbɒna:ʃ]
tiro (m)	lövés	[løve:ʃ]
dar um tiro	lő	[lø:]
tiroteio (m)	tüzelés	[tyzɛle:ʃ]
apontar para ...	céloz	[tse:loz]
apontar (vt)	céloz	[tse:loz]

acertar (vt)	eltalál	[ɛltɒlaːl]
afundar (~ um navio, etc.)	elsüllyeszt	[ɛlʃyjːɛst]
brecha (f)	lék	[leːk]
afundar-se (vr)	elsüllyed	[ɛlʃyjːɛd]

frente (m)	front	[front]
evacuação (f)	kitelepítés	[kitɛlɛpiːteːʃ]
evacuar (vt)	kitelepít	[kitɛlɛpiːt]

arame (m) enfarpado	tüskésdrót	[tyʃkeːʃdroːt]
barreira (f) anti-tanque	torlasz	[torlɒs]
torre (f) de vigia	torony	[toroɲ]

hospital (m) militar	katonai kórház	[kɒtonɒj koːrhaːz]
ferir (vt)	megsebez	[mɛgʃɛbɛz]
ferida (f)	seb	[ʃɛb]
ferido (m)	sebesült	[ʃɛbɛʃylt]
ficar ferido	megsebesül	[mɛgʃɛbɛʃyl]
grave (ferida ~)	súlyos	[ʃuːjoʃ]

156. Armas

arma (f)	fegyver	[fɛɟvɛr]
arma (f) de fogo	lőfegyver	[løːfɛɟvɛr]
arma (f) branca	vágó és szúrófegyver	[vaːgoː eːʃ suːroːfɛɟvɛr]

arma (f) química	vegyifegyver	[vɛɟifɛɟvɛr]
nuclear (adj)	nukleáris	[nuklɛaːriʃ]
arma (f) nuclear	nukleáris fegyver	[nuklɛaːriʃ fɛɟvɛr]

| bomba (f) | bomba | [bombɒ] |
| bomba (f) atômica | atombomba | [ɒtombombɒ] |

pistola (f)	pisztoly	[pistoj]
rifle (m)	puska	[puʃkɒ]
semi-automática (f)	géppisztoly	[geːppistoj]
metralhadora (f)	géppuska	[geːppuʃkɒ]

boca (f)	cső	[tʃøː]
cano (m)	fegyvercső	[fɛɟvɛrtʃøː]
calibre (m)	kaliber	[kɒlibɛr]

gatilho (m)	ravasz	[rɒvɒs]
mira (f)	irányzék	[iraːɲzeːk]
carregador (m)	tár	[taːr]
coronha (f)	puskatus	[puʃkɒtuʃ]

| granada (f) de mão | gránát | [graːnaːt] |
| explosivo (m) | robbanóanyag | [robbɒnoːɒɲɒg] |

bala (f)	golyó	[gojoː]
cartucho (m)	töltény	[tølteːɲ]
carga (f)	töltet	[tøltɛt]
munições (f pl)	lőszer	[løːsɛr]

bombardeiro (m)	bombázó	[bomba:zo:]
avião (m) de caça	vadászgép	[vɒda:sge:p]
helicóptero (m)	helikopter	[hɛlikoptɛr]

canhão (m) antiaéreo	légvédelmi ágyú	[le:gve:dɛlmi a:ɟu:]
tanque (m)	harckocsi	[hɒrtskoʧi]
canhão (de um tanque)	ágyú	[a:ɟu:]

| artilharia (f) | tüzérség | [tyze:rʃe:g] |
| fazer a pontaria | céloz | [tse:loz] |

projétil (m)	lövedék	[løvɛde:k]
granada (f) de morteiro	akna	[ɒknɒ]
morteiro (m)	aknavető	[ɒknɒvɛtø:]
estilhaço (m)	szilánk	[sila:ŋk]

submarino (m)	tengeralattjáró	[tɛŋgɛrɒlɒttja:ro:]
torpedo (m)	torpedó	[torpɛdo:]
míssil (m)	rakéta	[rɒke:tɒ]

carregar (uma arma)	megtölt	[mɛgtølt]
disparar, atirar (vi)	lő	[lø:]
apontar para ...	céloz	[tse:loz]
baioneta (f)	szurony	[suroɲ]

espada (f)	párbajtőr	[pa:rbɒjtø:r]
sabre (m)	szablya	[sɒbjɒ]
lança (f)	dárda	[da:rdɒ]
arco (m)	íj	[i:j]
flecha (f)	nyíl	[ɲi:l]
mosquete (m)	muskéta	[muʃke:tɒ]
besta (f)	számszeríj	[sa:msɛri:j]

157. Povos da antiguidade

primitivo (adj)	ősi	[ø:ʃi]
pré-histórico (adj)	történelem előtti	[tørte:nɛlɛm ɛlø:tti]
antigo (adj)	ősi	[ø:ʃi]

Idade (f) da Pedra	kőkorszak	[kø:korsɒk]
Idade (f) do Bronze	bronzkor	[bronskor]
Era (f) do Gelo	jégkorszak	[je:gkorsɒk]

tribo (f)	törzs	[tørʒ]
canibal (m)	emberevő	[ɛmbɛrɛvø:]
caçador (m)	vadász	[vɒda:s]
caçar (vi)	vadászik	[vɒda:sik]
mamute (m)	mamut	[mɒmut]

caverna (f)	barlang	[bɒrlɒŋg]
fogo (m)	tűz	[ty:z]
fogueira (f)	tábortűz	[ta:borty:z]
pintura (f) rupestre	barlangrajz	[bɒrlɒŋg rɒjz]
ferramenta (f)	munkaeszköz	[muŋkɒɛskøz]

lança (f)	dárda	[da:rdɒ]
machado (m) de pedra	kőfejsze	[kø:fɛjsɛ]
guerrear (vt)	harcol	[hɒrtsol]
domesticar (vt)	szelídít	[sɛli:di:t]

ídolo (m)	bálvány	[ba:lva:ɲ]
adorar, venerar (vt)	imád	[ima:d]
superstição (f)	babona	[bɒbonɒ]

evolução (f)	fejlődés	[fɛjlø:de:ʃ]
desenvolvimento (m)	fejlődés	[fɛjlø:de:ʃ]
extinção (f)	eltűnés	[ɛlty:ne:ʃ]
adaptar-se (vr)	alkalmazkodik	[ɒlkɒlmɒskodik]

arqueologia (f)	régészet	[re:ge:sɛt]
arqueólogo (m)	régész	[re:ge:s]
arqueológico (adj)	régészeti	[re:ge:sɛti]

escavação (sítio)	ásatások	[a:ʃota:ʃok]
escavações (f pl)	ásatások	[a:ʃota:ʃok]
achado (m)	lelet	[lɛlɛt]
fragmento (m)	töredék	[tørɛde:k]

158. Idade média

povo (m)	nép	[ne:p]
povos (m pl)	népek	[ne:pɛk]
tribo (f)	törzs	[tørʒ]
tribos (f pl)	törzsek	[tørʒɛk]

bárbaros (pl)	barbárok	[bɒrba:rok]
galeses (pl)	gallok	[gɒllok]
godos (pl)	gótok	[go:tok]
eslavos (pl)	szlávok	[sla:vok]
viquingues (pl)	vikingek	[vikiŋgɛk]

romanos (pl)	rómaiak	[ro:mɒjɒk]
romano (adj)	római	[ro:mɒi]

bizantinos (pl)	bizánciak	[biza:ntsiɒk]
Bizâncio	Bizánc	[biza:nts]
bizantino (adj)	bizánci	[biza:ntsi]

imperador (m)	császár	[tʃa:sa:r]
líder (m)	törzsfőnök	[tørʒfø:nøk]
poderoso (adj)	hatalmas	[hɒtɒlmɒʃ]
rei (m)	király	[kira:j]
governante (m)	uralkodó	[urɒlkodo:]

cavaleiro (m)	lovag	[lovɒg]
senhor feudal (m)	hűbérúr	[hy:be:ru:r]
feudal (adj)	hűbéri	[hy:be:ri]
vassalo (m)	hűbéres	[hy:be:rɛʃ]
duque (m)	herceg	[hɛrtsɛg]

conde (m)	gróf	[gro:f]
barão (m)	báró	[ba:ro:]
bispo (m)	püspök	[pyʃpøk]

armadura (f)	fegyverzet	[fɛɟvɛrzɛt]
escudo (m)	pajzs	[pɒjʒ]
espada (f)	kard	[kɒrd]
viseira (f)	sisakrostély	[ʃiʃɒkroʃte:j]
cota (f) de malha	páncéling	[pa:ntse:liŋg]

cruzada (f)	keresztes hadjárat	[kɛrɛstɛʃ hɒdja:rɒt]
cruzado (m)	keresztes lovag	[kɛrɛstɛʃ lovɒg]

território (m)	terület	[tɛrylɛt]
atacar (vt)	támad	[ta:mɒd]
conquistar (vt)	meghódít	[mɛgho:di:t]
ocupar, invadir (vt)	meghódít	[mɛgho:di:t]

assédio, sítio (m)	ostrom	[oʃtrom]
sitiado (adj)	ostromolt	[oʃtromolt]
assediar, sitiar (vt)	ostromol	[oʃtromol]

inquisição (f)	inkvizíció	[iŋkvizi:tsio:]
inquisidor (m)	inkvizítor	[iŋkvizi:tor]
tortura (f)	kínvallatás	[ki:nvɒllɒta:ʃ]
cruel (adj)	kegyetlen	[kɛɟɛtlɛn]
herege (m)	eretnek	[ɛrɛtnɛk]
heresia (f)	eretnekség	[ɛrɛtnɛkʃe:g]

navegação (f) marítima	tengerhajózás	[tɛŋgɛr hɒjo:za:ʃ]
pirata (m)	kalóz	[kɒlo:z]
pirataria (f)	kalózság	[kɒlo:zʃa:g]
abordagem (f)	csáklyázás	[tʃa:kja:za:ʃ]
presa (f), butim (m)	zsákmány	[ʒa:kma:ɲ]
tesouros (m pl)	kincsek	[kintʃɛk]

descobrimento (m)	felfedezés	[fɛlfɛdɛze:ʃ]
descobrir (novas terras)	felfedez	[fɛlfɛdɛz]
expedição (f)	kutatóút	[kutɒto:u:t]

mosqueteiro (m)	muskétás	[muʃke:ta:ʃ]
cardeal (m)	bíboros	[bi:boroʃ]
heráldica (f)	címertan	[tsi:mɛrtɒn]
heráldico (adj)	címertani	[tsi:mɛrtɒni]

159. Líder. Chefe. Autoridades

rei (m)	király	[kira:j]
rainha (f)	királynő	[kira:jnø:]
real (adj)	királyi	[kira:ji]
reino (m)	királyság	[kira:jʃa:g]

príncipe (m)	herceg	[hɛrtsɛg]
princesa (f)	hercegnő	[hɛrtsɛgnø:]

presidente (m)	elnök	[ɛlnøk]
vice-presidente (m)	alelnök	[ɒlɛlnøk]
senador (m)	szenátor	[sɛna:tor]

monarca (m)	egyeduralkodó	[ɛɟɛɟurɒlkodo:]
governante (m)	uralkodó	[urɒlkodo:]
ditador (m)	diktátor	[dikta:tor]
tirano (m)	zsarnok	[ʒɒrnok]
magnata (m)	mágnás	[ma:gna:ʃ]

diretor (m)	igazgató	[igɒzgɒto:]
chefe (m)	főnök	[fø:nøk]
gerente (m)	vezető	[vɛzɛtø:]
patrão (m)	főnök	[fø:nøk]
dono (m)	tulajdonos	[tulɒjdonoʃ]

chefe (m)	vezető	[vɛzɛtø:]
autoridades (f pl)	hatóságok	[hɒto:ʃa:gok]
superiores (m pl)	vezetőség	[vɛzɛtø:ʃe:g]

governador (m)	kormányzó	[korma:ɲzo:]
cônsul (m)	konzul	[konzul]
diplomata (m)	diplomata	[diplomɒtɒ]
Presidente (m) da Câmara	polgármester	[polga:rmɛʃtɛr]
xerife (m)	seriff	[ʃɛriff]

imperador (m)	császár	[ʧa:sa:r]
czar (m)	cár	[tsa:r]
faraó (m)	fáraó	[fa:rɒo:]
cã, khan (m)	kán	[ka:n]

160. Violação da lei. Criminosos. Parte 1

bandido (m)	bandita	[bɒnditɒ]
crime (m)	bűntett	[by:ntɛtt]
criminoso (m)	bűnöző	[by:nøzø:]

ladrão (m)	tolvaj	[tolvɒj]
roubar (vt)	lop	[lop]
furto, roubo (m)	lopás	[lopa:ʃ]

raptar, sequestrar (vt)	elrabol	[ɛlrɒbol]
sequestro (m)	elrablás	[ɛlrɒbla:ʃ]
sequestrador (m)	elrabló	[ɛlrɒblo:]

| resgate (m) | váltságdíj | [va:lʧa:gdi:j] |
| pedir resgate | váltságdíjat követel | [va:lʧa:gdi:jɒt køvɛtɛl] |

| roubar (vt) | kirabol | [kirɒbol] |
| assaltante (m) | rabló | [rɒblo:] |

extorquir (vt)	kizsarol	[kiʒɒrol]
extorsionário (m)	zsaroló	[ʒɒrolo:]
extorsão (f)	zsarolás	[ʒɒrola:ʃ]

matar, assassinar (vt)	megöl	[mɛgøl]
homicídio (m)	gyilkosság	[ɟilkoʃaːg]
homicida, assassino (m)	gyilkos	[ɟilkoʃ]

tiro (m)	lövés	[løveːʃ]
dar um tiro	lő	[løː]
matar a tiro	agyonlő	[ɒɟønløː]
disparar, atirar (vi)	tüzel	[tyzɛl]
tiroteio (m)	tüzelés	[tyzɛleːʃ]

incidente (m)	eset	[ɛʃɛt]
briga (~ de rua)	verekedés	[vɛrɛkɛdeːʃ]
Socorro!	Segítség!	[ʃɛgiːtʃeːg]
vítima (f)	áldozat	[aːldozɒt]

danificar (vt)	megrongál	[mɛgroŋgaːl]
dano (m)	kár	[kaːr]
cadáver (m)	hulla	[hullɒ]
grave (adj)	súlyos	[ʃuːjoʃ]

atacar (vt)	támad	[taːmɒd]
bater (espancar)	üt	[yt]
espancar (vt)	megver	[mɛgvɛr]
tirar, roubar (dinheiro)	elvesz	[ɛlvɛs]
esfaquear (vt)	levág	[lɛvaːg]
mutilar (vt)	megcsonkít	[mɛgtʃoŋkiːt]
ferir (vt)	megsebez	[mɛgʃɛbɛz]

chantagem (f)	zsarolás	[ʒorolaːʃ]
chantagear (vt)	zsarol	[ʒorol]
chantagista (m)	zsaroló	[ʒoroloː]

extorsão (f)	védelmi pénz zsarolása	[veːdɛlmi peːnz ʒorolaːʃɒ]
extorsionário (m)	védelmi pénz beszedője	[veːdɛlmi peːnz bɛsɛdøːjɛ]
gângster (m)	gengszter	[gɛŋgstɛr]
máfia (f)	maffia	[mɒffiɒ]

punguista (m)	zsebtolvaj	[ʒɛptolvɒj]
assaltante, ladrão (m)	betörő	[bɛtørøː]
contrabando (m)	csempészés	[tʃɛmpeːseːʃ]
contrabandista (m)	csempész	[tʃɛmpeːs]

falsificação (f)	hamisítás	[homiʃiːtaːʃ]
falsificar (vt)	hamisít	[homiʃiːt]
falsificado (adj)	hamisított	[homiʃiːtott]

161. Violação da lei. Criminosos. Parte 2

estupro (m)	erőszakolás	[ɛrøːsokolaːʃ]
estuprar (vt)	erőszakol	[ɛrøːsokol]
estuprador (m)	erőszakos	[ɛrøːsokoʃ]
maníaco (m)	megszállott	[mɛksaːllott]
prostituta (f)	prostituált nő	[proʃtituaːlt nøː]
prostituição (f)	prostitúció	[proʃtituːtsioː]

cafetão (m)	strici	[ʃtritsi]
drogado (m)	narkós	[nɒrko:ʃ]
traficante (m)	kábítószerkereskedő	[ka:bi:to:sɛrkɛrɛʃkɛdø]
explodir (vt)	felrobbant	[fɛlrobbɒnt]
explosão (f)	robbanás	[robbɒna:ʃ]
incendiar (vt)	felgyújt	[fɛlɟu:jt]
incendiário (m)	gyújtogató	[ɟu:jtogɒto:]
terrorismo (m)	terrorizmus	[tɛrrorizmuʃ]
terrorista (m)	terrorista	[tɛrroriʃtɒ]
refém (m)	túsz	[tu:s]
enganar (vt)	megcsal	[mɛgʧɒl]
engano (m)	csalás	[ʧɒla:ʃ]
vigarista (m)	csaló	[ʧɒlo:]
subornar (vt)	megveszteget	[mɛgvɛstɛgɛt]
suborno (atividade)	megvesztegetés	[mɛgvɛstɛgɛte:ʃ]
suborno (dinheiro)	csúszópénz	[ʧu:so:pe:nz]
veneno (m)	méreg	[me:rɛg]
envenenar (vt)	megmérgez	[mɛgme:rgɛz]
envenenar-se (vr)	megmérgezi magát	[mɛgme:rgɛzi mɒga:t]
suicídio (m)	öngyilkosság	[øɲɟilkoʃa:g]
suicida (m)	öngyilkos	[øɲɟilkoʃ]
ameaçar (vt)	fenyeget	[fɛnɛgɛt]
ameaça (f)	fenyegetés	[fɛnɛgɛte:ʃ]
atentar contra a vida de …	megkísért	[mɛkki:ʃe:rt]
atentado (m)	merénylet	[mɛre:ɲlɛt]
roubar (um carro)	ellop	[ɛllop]
sequestrar (um avião)	eltérít	[ɛlte:ri:t]
vingança (f)	bosszú	[bossu:]
vingar (vt)	megbosszul	[mɛgbosszul]
torturar (vt)	kínoz	[ki:noz]
tortura (f)	kínvallatás	[ki:nvɒllɒta:ʃ]
atormentar (vt)	gyötör	[ɟøtør]
pirata (m)	kalóz	[kɒlo:z]
desordeiro (m)	huligán	[huliga:n]
armado (adj)	fegyveres	[fɛɟvɛrɛʃ]
violência (f)	erőszak	[ɛrø:sɒk]
espionagem (f)	kémkedés	[ke:mkɛde:ʃ]
espionar (vi)	kémkedik	[ke:mkɛdik]

162. Polícia. Lei. Parte 1

justiça (sistema de ~)	igazságügy	[igoʃa:gyɟ]
tribunal (m)	bíróság	[bi:ro:ʃa:g]

juiz (m)	bíró	[bi:ro:]
jurados (m pl)	esküdtek	[ɛʃkyttɛk]
tribunal (m) do júri	esküdtbíróság	[ɛʃkyttbi:ro:ʃa:g]
julgar (vt)	elítél	[ɛli:te:l]
advogado (m)	ügyvéd	[yɟve:d]
réu (m)	vádlott	[va:dlott]
banco (m) dos réus	vádlottak padja	[va:dlottɒk pɒjɒ]
acusação (f)	vád	[va:d]
acusado (m)	vádlott	[va:dlott]
sentença (f)	ítélet	[i:te:lɛt]
sentenciar (vt)	elítél	[ɛli:te:l]
culpado (m)	bűnös	[by:nøʃ]
punir (vt)	büntet	[byntɛt]
punição (f)	büntetés	[byntɛte:ʃ]
multa (f)	pénzbüntetés	[pe:nzbyntɛte:ʃ]
pena (f) de morte	halálbüntetés	[hɒla:lbyntɛte:ʃ]
cadeira (f) elétrica	villamosszék	[villɒmoʃse:k]
forca (f)	akasztófa	[ɒkɒsto:fɒ]
executar (vt)	kivégez	[kive:gɛz]
execução (f)	kivégzés	[kive:gze:ʃ]
prisão (f)	börtön	[børtøn]
cela (f) de prisão	cella	[tsɛllɒ]
escolta (f)	őrkíséret	[ø:rki:ʃe:rɛt]
guarda (m) prisional	börtönőr	[børtønø:r]
preso, prisioneiro (m)	fogoly	[fogoj]
algemas (f pl)	kézbilincs	[ke:zbilinʧ]
algemar (vt)	megbilincsel	[mɛgbilinʧɛl]
fuga, evasão (f)	szökés	[søke:ʃ]
fugir (vi)	megszökik	[mɛgsøkik]
desaparecer (vi)	eltűnik	[ɛlty:nik]
soltar, libertar (vt)	megszabadít	[mɛgsɒbɒdi:t]
anistia (f)	közkegyelem	[køskɛɟɛlɛm]
polícia (instituição)	rendőrség	[rɛndø:rʃe:g]
polícia (m)	rendőr	[rɛndø:r]
delegacia (f) de polícia	rendőrőrszoba	[rɛndø:rø:rsobɒ]
cassetete (m)	gumibot	[gumibot]
megafone (m)	hangtölcsér	[hɒŋg tølʧe:r]
carro (m) de patrulha	járőrszolgálat	[ja:rø:r solga:lɒt]
sirene (f)	sziréna	[sire:nɒ]
ligar a sirene	bekapcsolja a szirénát	[bɛkɒpʧojo ɒ sire:na:t]
toque (m) da sirene	szirénahang	[sire:nɒhɒŋg]
cena (f) do crime	helyszín	[hɛjsi:n]
testemunha (f)	tanú	[tɒnu:]

151

liberdade (f)	szabadság	[sɒbɒdʃaːg]
cúmplice (m)	bűntárs	[byːntaːrʃ]
escapar (vi)	elbújik	[ɛlbuːjik]
traço (não deixar ~s)	nyom	[ɲom]

163. Polícia. Lei. Parte 2

procura (f)	körözés	[køɾøzeːʃ]
procurar (vt)	keres	[kɛɾɛʃ]
suspeita (f)	gyanú	[ɟonuː]
suspeito (adj)	gyanús	[ɟonuːʃ]
parar (veículo, etc.)	megállít	[mɛgaːlliːt]
deter (fazer parar)	letartóztat	[lɛtɒrtoːztɒt]

caso (~ criminal)	ügy	[yɟ]
investigação (f)	vizsgálat	[viʒgaːlɒt]
detetive (m)	nyomozó	[ɲomozoː]
investigador (m)	vizsgáló	[viʒgaːloː]
versão (f)	verzió	[vɛrzioː]

motivo (m)	indok	[indok]
interrogatório (m)	vallatás	[vɒllɒtaːʃ]
interrogar (vt)	vallat	[vɒllɒt]
questionar (vt)	kikérdez	[kikeːrdɛz]
verificação (f)	ellenőrzés	[ɛllɛnøːrzeːʃ]

batida (f) policial	razzia	[rɒzziɒ]
busca (f)	átkutatás	[aːtkutɒtaːʃ]
perseguição (f)	üldözés	[yldøzeːʃ]
perseguir (vt)	üldöz	[yldøz]
seguir, rastrear (vt)	követ	[køvɛt]

prisão (f)	letartóztatás	[lɛtɒrtoːztɒtaːʃ]
prender (vt)	letartóztat	[lɛtɒrtoːztɒt]
pegar, capturar (vt)	elfog	[ɛlfog]
captura (f)	elfogás	[ɛlfogaːʃ]

documento (m)	irat	[irɒt]
prova (f)	bizonyíték	[bizoniːteːk]
provar (vt)	bebizonyít	[bɛbizoniːt]
pegada (f)	nyom	[ɲom]
impressões (f pl) digitais	ujjlenyomat	[ujjlɛnømɒt]
prova (f)	bizonyíték	[bizoniːteːk]

álibi (m)	alibi	[ɒlibi]
inocente (adj)	ártatlan	[aːrtɒtlɒn]
injustiça (f)	igazságtalanság	[igɒʃaːgtɒlɒnʃaːg]
injusto (adj)	igazságtalan	[igɒʃaːgtɒlɒn]

criminal (adj)	krimi	[krimi]
confiscar (vt)	elkoboz	[ɛlkoboz]
droga (f)	kábítószer	[kaːbiːtoːsɛr]
arma (f)	fegyver	[fɛɟvɛr]
desarmar (vt)	lefegyverez	[lɛfɛɟvɛrɛz]

| ordenar (vt) | parancsol | [pɒrɒntʃol] |
| desaparecer (vi) | eltűnik | [ɛlty:nik] |

lei (f)	törvény	[tørve:ɲ]
legal (adj)	törvényes	[tørve:nɛʃ]
ilegal (adj)	törvénytelen	[tørve:ɲtɛlɛn]

| responsabilidade (f) | felelősség | [fɛlɛlø:ʃe:g] |
| responsável (adj) | felelős | [fɛlɛlø:ʃ] |

NATUREZA

A Terra. Parte 1

164. Espaço sideral

espaço, cosmo (m)	világűr	[vila:gy:r]
espacial, cósmico (adj)	űr	[y:r]
espaço (m) cósmico	világűr	[vila:gy:r]
mundo (m)	világmindenség	[vila:g mindɛnʃe:g]
universo (m)	világegyetem	[vila:gɛɟɛtɛm]
galáxia (f)	galaxis	[gɒlɒksis]
estrela (f)	csillag	[ʧillɒg]
constelação (f)	csillagzat	[ʧillɒgzɒt]
planeta (m)	bolygó	[bojgo:]
satélite (m)	műhold	[my:hold]
meteorito (m)	meteorit	[mɛtɛorit]
cometa (m)	üstökös	[yʃtøkøʃ]
asteroide (m)	aszteroida	[ɒstɛroidɒ]
órbita (f)	égitest pályája	[e:gitɛʃt pa:ja:jɒ]
girar (vi)	kering	[kɛriŋg]
atmosfera (f)	légkör	[le:gkør]
Sol (m)	a Nap	[ɒ nɒp]
Sistema (m) Solar	naprendszer	[nɒprɛndsɛr]
eclipse (m) solar	napfogyatkozás	[nɒpfoɟotkoza:ʃ]
Terra (f)	a Föld	[ɒ føld]
Lua (f)	a Hold	[ɒ hold]
Marte (m)	Mars	[mɒrʃ]
Vênus (f)	Vénusz	[ve:nus]
Júpiter (m)	Jupiter	[jupitɛr]
Saturno (m)	Szaturnusz	[sɒturnus]
Mercúrio (m)	Merkúr	[mɛrkur]
Urano (m)	Uranus	[urɒnuʃ]
Netuno (m)	Neptunusz	[nɛptunus]
Plutão (m)	Plútó	[plu:to:]
Via Láctea (f)	Tejút	[tɛju:t]
Ursa Maior (f)	Göncölszekér	[gøntsølsɛke:r]
Estrela Polar (f)	Sarkcsillag	[ʃɒrkʧillɒg]
marciano (m)	marslakó	[mɒrʃlɒko:]
extraterrestre (m)	földönkívüli	[føldøŋki:vyli]

| alienígena (m) | űrlény | [y:rle:ɲ] |
| disco (m) voador | ufó | [ufo:] |

espaçonave (f)	űrhajó	[y:rhɒjo:]
estação (f) orbital	orbitális űrállomás	[orbita:liʃ y:ra:lloma:ʃ]
lançamento (m)	rajt	[rɒjt]

motor (m)	hajtómű	[hɒjto:my:]
bocal (m)	fúvóka	[fu:vo:kɒ]
combustível (m)	fűtőanyag	[fy:tø:ɒɲɒg]

cabine (f)	fülke	[fylkɛ]
antena (f)	antenna	[ɒntɛnnɒ]
vigia (f)	hajóablak	[hɒjo:ɒblɒk]
bateria (f) solar	napelem	[nɒpɛlɛm]
traje (m) espacial	űrhajósruha	[y:rhɒjo:ʃ ruhɒ]

| imponderabilidade (f) | súlytalanság | [ʃu:jtɒlɒnʃa:g] |
| oxigênio (m) | oxigén | [oksige:n] |

| acoplagem (f) | összekapcsolás | [øssɛkɒptʃola:ʃ] |
| fazer uma acoplagem | összekapcsol | [øssɛkɒptʃol] |

observatório (m)	csillagvizsgáló	[tʃillɒgviʒga:lo:]
telescópio (m)	távcső	[ta:vtʃø:]
observar (vt)	figyel	[fiɟɛl]
explorar (vt)	kutat	[kutɒt]

165. A Terra

Terra (f)	a Föld	[ɒ føld]
globo terrestre (Terra)	földgolyó	[føldgojo:]
planeta (m)	bolygó	[bojgo:]

atmosfera (f)	légkör	[le:gkør]
geografia (f)	földrajz	[føldrɒjz]
natureza (f)	természet	[tɛrme:sɛt]

globo (mapa esférico)	földgömb	[føldgomb]
mapa (m)	térkép	[te:rke:p]
atlas (m)	atlasz	[ɒtlɒs]

| Europa (f) | Európa | [ɛuro:pɒ] |
| Ásia (f) | Ázsia | [a:ʒiɒ] |

| África (f) | Afrika | [ɒfrikɒ] |
| Austrália (f) | Ausztrália | [ɒustra:liɒ] |

América (f)	Amerika	[ɒmɛrikɒ]
América (f) do Norte	ÉszakAmerika	[e:sɒkɒmɛrikɒ]
América (f) do Sul	DélAmerika	[de:lɒmɛrikɒ]

| Antártida (f) | Antarktisz | [ɒntɒrktis] |
| Ártico (m) | Arktisz | [ɒrktis] |

166. Pontos cardeais

norte (m)	észak	[e:sɒk]
para norte	északra	[e:sɒkrɒ]
no norte	északon	[e:sɒkon]
do norte (adj)	északi	[e:sɒki]
sul (m)	dél	[de:l]
para sul	délre	[de:lrɛ]
no sul	délen	[de:lɛn]
do sul (adj)	déli	[de:li]
oeste, ocidente (m)	nyugat	[ɲugɒt]
para oeste	nyugatra	[ɲugɒtrɒ]
no oeste	nyugaton	[ɲugɒton]
ocidental (adj)	nyugati	[ɲugɒti]
leste, oriente (m)	kelet	[kɛlɛt]
para leste	keletre	[kɛlɛtrɛ]
no leste	keleten	[kɛlɛtɛn]
oriental (adj)	keleti	[kɛlɛti]

167. Mar. Oceano

mar (m)	tenger	[tɛŋgɛr]
oceano (m)	óceán	[o:tsɛa:n]
golfo (m)	öböl	[øbøl]
estreito (m)	tengerszoros	[tɛŋgɛrsoroʃ]
continente (m)	földrész	[føldre:s]
ilha (f)	sziget	[sigɛt]
península (f)	félsziget	[fe:lsigɛt]
arquipélago (m)	szigetcsoport	[sigɛtʧoport]
baía (f)	öböl	[øbøl]
porto (m)	rév	[re:v]
lagoa (f)	lagúna	[lɒgu:nɒ]
cabo (m)	fok	[fok]
atol (m)	atoll	[ɒtoll]
recife (m)	szirt	[sirt]
coral (m)	korall	[korɒll]
recife (m) de coral	korallszirt	[korɒllsirt]
profundo (adj)	mély	[me:j]
profundidade (f)	mélység	[me:jʃe:g]
abismo (m)	abisszikus	[abissikus]
fossa (f) oceânica	mélyedés	[me:jɛdeʃ]
corrente (f)	folyás	[fojaʃ]
banhar (vt)	körülvesz	[kørylvɛs]
litoral (m)	part	[pɒrt]
costa (f)	part	[pɒrt]

maré (f) alta	dagály	[dɒga:j]
refluxo (m)	apály	[ɒpa:j]
restinga (f)	zátony	[za:toŋ]
fundo (m)	alj	[ɒj]

onda (f)	hullám	[hulla:m]
crista (f) da onda	taraj	[tɒrɒj]
espuma (f)	hab	[hɒb]

tempestade (f)	vihar	[vihɒr]
furacão (m)	orkán	[orka:n]
tsunami (m)	szökőár	[søkø:a:r]
calmaria (f)	szélcsend	[se:ltʃɛnd]
calmo (adj)	csendes	[tʃɛndɛʃ]

| polo (m) | sark | [ʃɒrk] |
| polar (adj) | sarki | [ʃɒrki] |

latitude (f)	szélesség	[se:lɛʃe:g]
longitude (f)	hosszúság	[hossu:ʃa:g]
paralela (f)	szélességi kör	[se:lɛʃe:gi kør]
equador (m)	egyenlítő	[ɛɟɛnli:tø:]

céu (m)	ég	[e:g]
horizonte (m)	látóhatár	[la:to:hɒta:r]
ar (m)	levegő	[lɛvɛgø:]

farol (m)	világítótorony	[vila:gi:to:toroŋ]
mergulhar (vi)	lemerül	[lɛmɛryl]
afundar-se (vr)	elsüllyed	[ɛlʃyj:ɛd]
tesouros (m pl)	kincsek	[kintʃɛk]

168. Montanhas

montanha (f)	hegy	[hɛɟ]
cordilheira (f)	hegylánc	[hɛɟla:nts]
serra (f)	hegygerinc	[hɛɟgɛrints]

cume (m)	csúcs	[tʃu:tʃ]
pico (m)	hegyfok	[hɛɟfok]
pé (m)	láb	[la:b]
declive (m)	lejtő	[lɛjtø:]

vulcão (m)	vulkán	[vulka:n]
vulcão (m) ativo	működő vulkán	[mykødø: vulka:n]
vulcão (m) extinto	kialudt vulkán	[kiɒlutt vulka:n]

erupção (f)	kitörés	[kitøre:ʃ]
cratera (f)	vulkántölcsér	[vulka:ntøltʃe:r]
magma (m)	magma	[mɒgmɒ]
lava (f)	láva	[la:vɒ]
fundido (lava ~a)	izzó	[izzo:]
cânion, desfiladeiro (m)	kanyon	[kɒɲon]
garganta (f)	hegyszoros	[hɛɟsoroʃ]

fenda (f)	hasadék	[hɒʃɒdeːk]
passo, colo (m)	hágó	[haːgoː]
planalto (m)	fennsík	[fɛnnʃiːk]
falésia (f)	szikla	[siklɒ]
colina (f)	domb	[domb]

geleira (f)	gleccser	[glɛtʃɛr]
cachoeira (f)	vízesés	[viːzɛʃeːʃ]
gêiser (m)	szökőforrás	[søkøːforraːʃ]
lago (m)	tó	[toː]

planície (f)	síkság	[ʃiːkʃaːg]
paisagem (f)	táj	[taːj]
eco (m)	visszhang	[visshɒŋg]

alpinista (m)	alpinista	[ɒlpiniʃtɒ]
escalador (m)	sziklamászó	[siklɒ maːsoː]
conquistar (vt)	meghódít	[mɛghoːdiːt]
subida, escalada (f)	megmászás	[mɛgmaːsaːʃ]

169. Rios

rio (m)	folyó	[fojoː]
fonte, nascente (f)	forrás	[forraːʃ]
leito (m) de rio	meder	[mɛdɛr]
bacia (f)	medence	[mɛdɛntsɛ]
desaguar no …	befolyik	[bɛfojik]

afluente (m)	mellékfolyó	[mɛlleːkfojoː]
margem (do rio)	part	[pɒrt]

corrente (f)	folyás	[fojaːʃ]
rio abaixo	folyón lefelé	[fojoːn lɛfɛleː]
rio acima	folyón fölfelé	[fojoːn følfɛleː]

inundação (f)	árvíz	[aːrviːz]
cheia (f)	áradás	[aːrɒdaːʃ]
transbordar (vi)	kiárad	[kiaːrɒd]
inundar (vt)	eláraszt	[ɛlaːrɒst]

banco (m) de areia	zátony	[zaːtoɲ]
corredeira (f)	zuhogó	[zuhogoː]

barragem (f)	gát	[gaːt]
canal (m)	csatorna	[tʃɒtornɒ]
reservatório (m) de água	víztároló	[viːztaːroloː]
eclusa (f)	zsilip	[ʒilip]

corpo (m) de água	vizek	[vizɛk]
pântano (m)	mocsár	[motʃaːr]
lamaçal (m)	ingovány	[iŋgovaːɲ]
redemoinho (m)	forgatag	[forgɒtɒg]
riacho (m)	patak	[pɒtɒk]
potável (adj)	iható	[ihɒtoː]

doce (água)	édesvízi	[e:dɛʃvi:zi]
gelo (m)	jég	[je:g]
congelar-se (vr)	befagy	[bɛfɒɟ]

170. Floresta

| floresta (f), bosque (m) | erdő | [ɛrdø:] |
| florestal (adj) | erdő | [ɛrdø:] |

mata (f) fechada	sűrűség	[ʃy:ry:ʃe:g]
arvoredo (m)	erdőcske	[ɛrdø:tʃkɛ]
clareira (f)	tisztás	[tista:ʃ]

| matagal (m) | bozót | [bozo:t] |
| mato (m), caatinga (f) | cserje | [tʃɛrjɛ] |

| pequena trilha (f) | gyalogút | [ɟologu:t] |
| ravina (f) | vízmosás | [vi:zmoʃa:ʃ] |

árvore (f)	fa	[fɒ]
folha (f)	levél	[lɛve:l]
folhagem (f)	lomb	[lomb]

queda (f) das folhas	lombhullás	[lombhulla:ʃ]
cair (vi)	lehull	[lɛhull]
topo (m)	tető	[tɛtø:]

ramo (m)	ág	[a:g]
galho (m)	ág	[a:g]
botão (m)	rügy	[ryɟ]
agulha (f)	tűlevél	[ty:lɛve:l]
pinha (f)	toboz	[toboz]

buraco (m) de árvore	odú	[odu:]
ninho (m)	fészek	[fe:sɛk]
toca (f)	üreg	[yrɛg]

tronco (m)	törzs	[tørʒ]
raiz (f)	gyökér	[ɟøke:r]
casca (f) de árvore	kéreg	[ke:rɛg]
musgo (m)	moha	[mohɒ]

arrancar pela raiz	kiás	[kia:ʃ]
cortar (vt)	irt	[irt]
desflorestar (vt)	irt	[irt]
toco, cepo (m)	tönk	[tøŋk]

fogueira (f)	tábortűz	[ta:borty:z]
incêndio (m) florestal	erdőtűz	[ɛrdø:ty:z]
apagar (vt)	olt	[olt]

guarda-parque (m)	erdész	[ɛrde:s]
proteção (f)	őrzés	[ø:rze:ʃ]
proteger (a natureza)	őriz	[ø:riz]

| caçador (m) furtivo | vadorzó | [vɒdorzo:] |
| armadilha (f) | csapda | [ʧɒbdɒ] |

colher (cogumelos)	gombázik	[gomba:zik]
colher (bagas)	szed	[sɛd]
perder-se (vr)	eltéved	[ɛlte:vɛd]

171. Recursos naturais

recursos (m pl) naturais	természeti kincsek	[tɛrme:sɛti kinʧɛk]
minerais (m pl)	ásványkincsek	[a:ʃva:ɲ kinʧɛk]
depósitos (m pl)	rétegek	[re:tɛgɛk]
jazida (f)	lelőhely	[lɛlø:hɛj]

extrair (vt)	kitermel	[kitɛrmɛl]
extração (f)	kitermelés	[kitɛrmɛle:ʃ]
minério (m)	érc	[e:rts]
mina (f)	bánya	[ba:ɲɒ]
poço (m) de mina	akna	[ɒknɒ]
mineiro (m)	bányász	[ba:ɲa:s]

| gás (m) | gáz | [ga:z] |
| gasoduto (m) | gázvezeték | [ga:zvɛzɛte:k] |

petróleo (m)	nyersolaj	[ɲɛrʃolɒj]
oleoduto (m)	olajvezeték	[olɒjvɛzɛte:k]
poço (m) de petróleo	olajkút	[olɒjku:t]
torre (f) petrolífera	fúrótorony	[fu:ro:toroɲ]
petroleiro (m)	tartályhajó	[tɒrta:jhɒjo:]

areia (f)	homok	[homok]
calcário (m)	mészkő	[me:skø:]
cascalho (m)	kavics	[kɒviʧ]
turfa (f)	tőzeg	[tø:zɛg]
argila (f)	agyag	[ɒɟog]
carvão (m)	szén	[se:n]

ferro (m)	vas	[vɒʃ]
ouro (m)	arany	[ɒrɒɲ]
prata (f)	ezüst	[ɛzyʃt]
níquel (m)	nikkel	[nikkɛl]
cobre (m)	réz	[re:z]

zinco (m)	horgany	[horgɒɲ]
manganês (m)	mangán	[mɒnga:n]
mercúrio (m)	higany	[higɒɲ]
chumbo (m)	ólom	[o:lom]

mineral (m)	ásvány	[a:ʃva:ɲ]
cristal (m)	kristály	[kriʃta:j]
mármore (m)	márvány	[ma:rva:ɲ]
urânio (m)	uránium	[ura:nium]

A Terra. Parte 2

172. Tempo

tempo (m)	időjárás	[idø:ja:ra:ʃ]
previsão (f) do tempo	időjárásjelentés	[idø:ja:ra:ʃjɛlɛnte:ʃ]
temperatura (f)	hőmérséklet	[hø:me:rʃe:klɛt]
termômetro (m)	hőmérő	[hø:me:rø:]
barômetro (m)	légsúlymérő	[le:gʃu:jme:rø:]
umidade (f)	nedvesség	[nɛdvɛʃe:g]
calor (m)	hőség	[hø:ʃe:g]
tórrido (adj)	forró	[forro:]
está muito calor	hőség van	[hø:ʃe:g vɒn]
está calor	meleg van	[mɛlɛg vɒn]
quente (morno)	meleg	[mɛlɛg]
está frio	hideg van	[hidɛg vɒn]
frio (adj)	hideg	[hidɛg]
sol (m)	nap	[nɒp]
brilhar (vi)	süt	[ʃyt]
de sol, ensolarado	napos	[nɒpoʃ]
nascer (vi)	felkel	[fɛlkɛl]
pôr-se (vr)	lemegy	[lɛmɛɟ]
nuvem (f)	felhő	[fɛlhø:]
nublado (adj)	felhős	[fɛlhø:ʃ]
nuvem (f) preta	esőfelhő	[ɛʃø:fɛlhø:]
escuro, cinzento (adj)	borús	[boru:ʃ]
chuva (f)	eső	[ɛʃø:]
está a chover	esik az eső	[ɛʃik ɒz ɛʃø:]
chuvoso (adj)	esős	[ɛʃø:ʃ]
chuviscar (vi)	szemerkél	[sɛmɛrke:l]
chuva (f) torrencial	zápor	[za:por]
aguaceiro (m)	zápor	[za:por]
forte (chuva, etc.)	erős	[ɛrø:ʃ]
poça (f)	tócsa	[to:tʃɒ]
molhar-se (vr)	ázik	[a:zik]
nevoeiro (m)	köd	[kød]
de nevoeiro	ködös	[kødøʃ]
neve (f)	hó	[ho:]
está nevando	havazik	[hɒvɒzik]

161

173. Tempo extremo. Catástrofes naturais

trovoada (f)	zivatar	[zivɒtɒr]
relâmpago (m)	villám	[villaːm]
relampejar (vi)	villámlik	[villaːmlik]

trovão (m)	mennydörgés	[mɛɲdørgeːʃ]
trovejar (vi)	dörög	[dørøg]
está trovejando	mennydörög	[mɛɲdørøg]

| granizo (m) | jégeső | [jeːgɛʃøː] |
| está caindo granizo | jég esik | [jeːg ɛʃik] |

| inundar (vt) | elárad | [ɛlaːrɒd] |
| inundação (f) | árvíz | [aːrviːz] |

terremoto (m)	földrengés	[føldrɛngeːʃ]
abalo, tremor (m)	lökés	[løkeːʃ]
epicentro (m)	epicentrum	[ɛpitsɛntrum]

| erupção (f) | kitörés | [kitøreːʃ] |
| lava (f) | láva | [laːvɒ] |

tornado (m)	forgószél	[forgoːseːl]
tornado (m)	tornádó	[tornaːdoː]
tufão (m)	tájfun	[taːjfun]

furacão (m)	orkán	[orkaːn]
tempestade (f)	vihar	[vihɒr]
tsunami (m)	szökőár	[søkøːaːr]

ciclone (m)	ciklon	[tsiklon]
mau tempo (m)	rossz idő	[ross idøː]
incêndio (m)	tűz	[tyːz]
catástrofe (f)	katasztrófa	[kɒtɒstroːfɒ]
meteorito (m)	meteorit	[mɛtɛorit]

avalanche (f)	lavina	[lɒvinɒ]
deslizamento (m) de neve	hógörgeteg	[hoːgørgɛtɛg]
nevasca (f)	hóvihar	[hoːvihɒr]
tempestade (f) de neve	hóvihar	[hoːvihɒr]

Fauna

174. Mamíferos. Predadores

predador (m)	ragadozó állat	[rɒgɒdozo: a:llɒt]
tigre (m)	tigris	[tigriʃ]
leão (m)	oroszlán	[orosla:n]
lobo (m)	farkas	[fɒrkɒʃ]
raposa (f)	róka	[ro:kɒ]
jaguar (m)	jaguár	[jɒgua:r]
leopardo (m)	leopárd	[lɛopa:rd]
chita (f)	gepárd	[gɛpa:rd]
pantera (f)	párduc	[pa:rduts]
puma (m)	puma	[pumɒ]
leopardo-das-neves (m)	hópárduc	[ho:pa:rduts]
lince (m)	hiúz	[hiu:z]
coiote (m)	prérifarkas	[pre:rifɒrkɒʃ]
chacal (m)	sakál	[ʃɒka:l]
hiena (f)	hiéna	[hie:nɒ]

175. Animais selvagens

animal (m)	állat	[a:llɒt]
besta (f)	vadállat	[vɒda:llɒt]
esquilo (m)	mókus	[mo:kuʃ]
ouriço (m)	sündisznó	[ʃyndisno:]
lebre (f)	nyúl	[ɲu:l]
coelho (m)	nyúl	[ɲu:l]
texugo (m)	borz	[borz]
guaxinim (m)	mosómedve	[moʃo:mɛdvɛ]
hamster (m)	hörcsög	[hørtʃøg]
marmota (f)	mormota	[mormotɒ]
toupeira (f)	vakond	[vɒkond]
rato (m)	egér	[ɛge:r]
ratazana (f)	patkány	[pɒtka:ɲ]
morcego (m)	denevér	[dɛnɛve:r]
arminho (m)	hermelin	[hɛrmɛlin]
zibelina (f)	coboly	[tsoboj]
marta (f)	nyuszt	[ɲust]
doninha (f)	menyét	[mɛɲe:t]
visom (m)	nyérc	[ɲe:rts]

| castor (m) | hódprém | [ho:dpre:m] |
| lontra (f) | vidra | [vidrɒ] |

cavalo (m)	ló	[lo:]
alce (m)	jávorszarvas	[ja:vorsɒrvɒʃ]
veado (m)	szarvas	[sɒrvɒʃ]
camelo (m)	teve	[tɛvɛ]

bisão (m)	bölény	[bøle:ɲ]
auroque (m)	európai bölény	[ɛuro:pɒj bøle:ɲ]
búfalo (m)	bivaly	[bivɒj]

zebra (f)	zebra	[zɛbrɒ]
antílope (m)	antilop	[ɒntilop]
corça (f)	őz	[ø:z]
gamo (m)	dámszarvas	[da:msɒrvɒʃ]
camurça (f)	zerge	[zɛrgɛ]
javali (m)	vaddisznó	[vɒddisno:]

baleia (f)	bálna	[ba:lnɒ]
foca (f)	fóka	[fo:kɒ]
morsa (f)	rozmár	[rozma:r]
urso-marinho (m)	medvefóka	[mɛdvɛfo:kɒ]
golfinho (m)	delfin	[dɛlfin]

urso (m)	medve	[mɛdvɛ]
urso (m) polar	jegesmedve	[jɛgɛʃmɛdvɛ]
panda (m)	panda	[pɒndɒ]

macaco (m)	majom	[mɒjom]
chimpanzé (m)	csimpánz	[ʧimpa:nz]
orangotango (m)	orangután	[orɒŋguta:n]
gorila (m)	gorilla	[gorillɒ]
macaco (m)	makákó	[mɒka:ko:]
gibão (m)	gibbon	[gibbon]

elefante (m)	elefánt	[ɛlɛfa:nt]
rinoceronte (m)	orrszarvú	[orrsɒrvu:]
girafa (f)	zsiráf	[ʒira:f]
hipopótamo (m)	víziló	[vi:zilo:]

| canguru (m) | kenguru | [kɛŋguru] |
| coala (m) | koala | [koɒlɒ] |

mangusto (m)	mongúz	[moŋgu:z]
chinchila (f)	csincsilla	[ʧinʧillɒ]
cangambá (f)	bűzös borz	[by:zøʃ borz]
porco-espinho (m)	tarajos sül	[tɒrɒjoʃ ʃyl]

176. Animais domésticos

gata (f)	macska	[mɒʧkɒ]
gato (m) macho	kandúr	[kɒndu:r]
cavalo (m)	ló	[lo:]

| garanhão (m) | mén | [me:n] |
| égua (f) | kanca | [kɒntsɒ] |

vaca (f)	tehén	[tɛhe:n]
touro (m)	bika	[bikɒ]
boi (m)	ökör	[økør]

ovelha (f)	juh	[juh]
carneiro (m)	kos	[koʃ]
cabra (f)	kecske	[kɛtʃkɛ]
bode (m)	bakkecske	[bɒkkɛtʃkɛ]

| burro (m) | szamár | [sɒma:r] |
| mula (f) | öszvér | [øsve:r] |

porco (m)	disznó	[disno:]
leitão (m)	malac	[mɒlɒts]
coelho (m)	nyúl	[ɲu:l]

| galinha (f) | tyúk | [cu:k] |
| galo (m) | kakas | [kɒkɒʃ] |

pata (f), pato (m)	kacsa	[kɒtʃɒ]
pato (m)	gácsér	[ga:tʃe:r]
ganso (m)	liba	[libɒ]

| peru (m) | pulykakakas | [pujkɒkɒkɒʃ] |
| perua (f) | pulyka | [pujkɒ] |

animais (m pl) domésticos	háziállatok	[ha:zi a:llɒtok]
domesticado (adj)	szelíd	[sɛli:d]
domesticar (vt)	megszelídít	[mɛgsɛli:di:t]
criar (vt)	tenyészt	[tɛne:st]

fazenda (f)	telep	[tɛlɛp]
aves (f pl) domésticas	baromfi	[bɒromfi]
gado (m)	jószág	[jo:sa:g]
rebanho (m), manada (f)	nyáj	[nja:j]

estábulo (m)	istálló	[iʃta:llo:]
chiqueiro (m)	disznóól	[disno:o:l]
estábulo (m)	tehénistálló	[tɛhe:niʃta:llo:]
coelheira (f)	nyúlketrec	[ɲu:lkɛtrɛts]
galinheiro (m)	tyúkól	[cu:ko:l]

177. Cães. Raças de cães

cão (m)	kutya	[kucɒ]
cão pastor (m)	juhászkutya	[juha:skucɒ]
poodle (m)	uszkár	[uska:r]
linguicinha (m)	dakszli	[dɒksli]

| buldogue (m) | buldog | [buldog] |
| boxer (m) | boxer | [boksɛr] |

mastim (m)	masztiff	[mɒstiff]
rottweiler (m)	rottweiler	[rottvɛjlɛr]
dóberman (m)	dobermann	[dobɛrmɒnn]
basset (m)	Basset hound	[bɒssɛt hɒund]
pastor inglês (m)	bobtél	[bopte:l]
dálmata (m)	dalmata	[dɒlmɒtɒ]
cocker spaniel (m)	spániel	[ʃpa:niɛl]
terra-nova (m)	újfundlandi	[u:jfundlɒdi]
são-bernardo (m)	bernáthegyi kutya	[bɛrna:thɛɟi kucɒ]
husky (m) siberiano	husky	[hɒski]
Chow-chow (m)	Csau csau	[tʃau-tʃau]
spitz alemão (m)	spicc	[ʃpits]
pug (m)	mopsz	[mops]

178. Sons produzidos pelos animais

latido (m)	ugatás	[ugɒta:ʃ]
latir (vi)	ugat	[ugɒt]
miar (vi)	nyávog	[ɲa:vog]
ronronar (vi)	dorombol	[dorombol]
mugir (vaca)	bőg	[bø:g]
bramir (touro)	bőg	[bø:g]
rosnar (vi)	morog	[morog]
uivo (m)	üvöltés	[yvølte:ʃ]
uivar (vi)	üvölt	[yvølt]
ganir (vi)	szűköl	[sy:køl]
balir (vi)	béget	[be:gɛt]
grunhir (vi)	röfög	[røføg]
guinchar (vi)	visít	[viʃi:t]
coaxar (sapo)	brekeg	[brɛkɛg]
zumbir (inseto)	zümmög	[zymmøg]
ziziar (vi)	ciripel	[tsiripɛl]

179. Pássaros

pássaro (m), ave (f)	madár	[mɒda:r]
pombo (m)	galamb	[gɒlomb]
pardal (m)	veréb	[vɛre:b]
chapim-real (m)	cinke	[tsiŋkɛ]
pega-rabuda (f)	szarka	[sɒrkɒ]
corvo (m)	holló	[hollo:]
gralha-cinzenta (f)	varjú	[vɒrju:]
gralha-de-nuca-cinzenta (f)	csóka	[tʃo:kɒ]
gralha-calva (f)	vetési varjú	[vɛte:ʃi vɒrju:]

pato (m)	kacsa	[kɒʧɒ]
ganso (m)	liba	[libɒ]
faisão (m)	fácán	[faːtsaːn]

águia (f)	sas	[ʃɒʃ]
açor (m)	héja	[heːjɒ]
falcão (m)	sólyom	[ʃoːjom]
abutre (m)	griff	[griff]
condor (m)	kondor	[kondor]

cisne (m)	hattyú	[hɒcːuː]
grou (m)	daru	[dɒru]
cegonha (f)	gólya	[goːjɒ]
papagaio (m)	papagáj	[pɒpɒgaːj]
beija-flor (m)	kolibri	[kolibri]
pavão (m)	páva	[paːvɒ]

avestruz (m)	strucc	[ʃtruts]
garça (f)	kócsag	[koːʧɒg]
flamingo (m)	flamingó	[flɒmiŋgoː]
pelicano (m)	pelikán	[pɛlikaːn]

rouxinol (m)	fülemüle	[fylɛmylɛ]
andorinha (f)	fecske	[fɛʧkɛ]
tordo-zornal (m)	rigó	[rigoː]
tordo-músico (m)	énekes rigó	[eːnɛkɛʃ rigoː]
melro-preto (m)	fekete rigó	[fɛkɛtɛ rigoː]

andorinhão (m)	sarlós fecske	[ʃɒrloːʃ fɛʧkɛ]
cotovia (f)	pacsirta	[pɒʧirtɒ]
codorna (f)	fürj	[fyrj]

pica-pau (m)	harkály	[hɒrkaːj]
cuco (m)	kakukk	[kɒkukk]
coruja (f)	bagoly	[bɒgoj]
bufo-real (m)	fülesbagoly	[fylɛʃbɒgoj]
tetraz-grande (m)	süketfajd	[ʃykɛtfɒjd]
tetraz-lira (m)	nyírfajd	[ɲiːrfɒjd]
perdiz-cinzenta (f)	fogoly	[fogoj]

estorninho (m)	seregély	[ʃɛrɛgeːj]
canário (m)	kanári	[kɒnaːri]
galinha-do-mato (f)	császármadár	[ʧaːsaːrmɒdaːr]
tentilhão (m)	erdei pinty	[ɛrdɛi piɲc]
dom-fafe (m)	pirók	[piroːk]

gaivota (f)	sirály	[ʃiraːj]
albatroz (m)	albatrosz	[ɒlbɒtros]
pinguim (m)	pingvin	[piŋgvin]

180. Pássaros. Canto e sons

| cantar (vi) | énekel | [eːnɛkɛl] |
| gritar, chamar (vi) | kiabál | [kiɒbaːl] |

| cantar (o galo) | kukorékol | [kukore:kol] |
| cocorocó (m) | kukurikú | [kukuriku:] |

cacarejar (vi)	kotkodácsol	[kotkoda:ʧol]
crocitar (vi)	károg	[ka:rog]
grasnar (vi)	hápog	[ha:pog]
piar (vi)	csipog	[ʧipog]
chilrear, gorjear (vi)	csiripel	[ʧiripɛl]

181. Peixes. Animais marinhos

brema (f)	dévérkeszeg	[de:ve:rkɛsɛg]
carpa (f)	ponty	[poɲc]
perca (f)	folyami sügér	[fojɒmi ʃyge:r]
siluro (m)	harcsa	[hɒrʧɒ]
lúcio (m)	csuka	[ʧukɒ]

| salmão (m) | lazac | [lɒzɒts] |
| esturjão (m) | tokhal | [tokhɒl] |

| arenque (m) | hering | [hɛriŋg] |
| salmão (m) do Atlântico | lazac | [lɒzɒts] |

| cavala, sarda (f) | makréla | [mɒkre:lɒ] |
| solha (f), linguado (m) | lepényhal | [lɛpe:ɲhɒl] |

| lúcio perca (m) | fogas | [fogɒʃ] |
| bacalhau (m) | tőkehal | [tø:kɛhɒl] |

| atum (m) | tonhal | [tonhɒl] |
| truta (f) | pisztráng | [pistra:ŋg] |

| enguia (f) | angolna | [ɒŋgolnɒ] |
| raia (f) elétrica | villamos rája | [villɒmoʃ ra:jɒ] |

| moreia (f) | muréna | [mure:nɒ] |
| piranha (f) | pirája | [pira:jɒ] |

tubarão (m)	cápa	[tsa:pɒ]
golfinho (m)	delfin	[dɛlfin]
baleia (f)	bálna	[ba:lnɒ]

caranguejo (m)	tarisznyarák	[tɒrisɲɒra:k]
água-viva (f)	medúza	[mɛdu:zɒ]
polvo (m)	nyolckarú polip	[ɲoltskɒru: polip]

estrela-do-mar (f)	tengeri csillag	[tɛŋgɛri ʧillɒg]
ouriço-do-mar (m)	tengeri sün	[tɛŋgɛri ʃyn]
cavalo-marinho (m)	tengeri csikó	[tɛŋgɛri ʧiko:]

ostra (f)	osztriga	[ostrigɒ]
camarão (m)	garnélarák	[gɒrne:lɒra:k]
lagosta (f)	homár	[homa:r]
lagosta (f)	languszta	[lɒŋgustɒ]

182. Anfíbios. Répteis

cobra (f)	kígyó	[kiːɟøː]
venenoso (adj)	mérges	[meːrgɛʃ]
víbora (f)	vipera	[vipɛrɒ]
naja (f)	kobra	[kobrɒ]
píton (m)	piton	[piton]
jiboia (f)	boa	[boɒ]
cobra-de-água (f)	sikló	[ʃiklo:]
cascavel (f)	csörgőkígyó	[ʧørgøːkiɟøː]
anaconda (f)	anakonda	[ɒnɒkondɒ]
lagarto (m)	gyík	[ɟiːk]
iguana (f)	leguán	[lɛguaːn]
varano (m)	varánusz	[vɒraːnus]
salamandra (f)	szalamandra	[sɒlɒmɒndrɒ]
camaleão (m)	kaméleon	[kɒmeːlɛon]
escorpião (m)	skorpió	[ʃkorpio:]
tartaruga (f)	teknősbéka	[tɛknøːʃbeːkɒ]
rã (f)	béka	[beːkɒ]
sapo (m)	varangy	[vɒrɒɲɟ]
crocodilo (m)	krokodil	[krokodil]

183. Insetos

inseto (m)	rovar	[rovɒr]
borboleta (f)	lepke	[lɛpkɛ]
formiga (f)	hangya	[hɒɲɒ]
mosca (f)	légy	[leːɟ]
mosquito (m)	szúnyog	[suːɲøg]
escaravelho (m)	bogár	[bogaːr]
vespa (f)	darázs	[dɒraːʒ]
abelha (f)	méh	[meːh]
mamangaba (f)	poszméh	[posmeːh]
moscardo (m)	bögöly	[bøgøj]
aranha (f)	pók	[poːk]
teia (f) de aranha	pókháló	[poːkhaːlo:]
libélula (f)	szitakötő	[sitɒkøtø:]
gafanhoto (m)	tücsök	[tyʧøk]
traça (f)	pillangó	[pillɒŋgo:]
barata (f)	svábbogár	[ʃvaːbbogaːr]
carrapato (m)	kullancs	[kullonʧ]
pulga (f)	bolha	[bolhɒ]
borrachudo (m)	muslica	[muʃlitsɒ]
gafanhoto (m)	sáska	[ʃaːʃkɒ]
caracol (m)	csiga	[ʧigɒ]

grilo (m)	tücsök	[tyʧøk]
pirilampo, vaga-lume (m)	szentjánosbogár	[sɛntja:noʃboga:r]
joaninha (f)	katicabogár	[kɒtitsɒboga:r]
besouro (m)	cserebogár	[ʧɛrɛboga:r]

sanguessuga (f)	pióca	[pio:tsɒ]
lagarta (f)	hernyó	[hɛrnø:]
minhoca (f)	kukac	[kukɒts]
larva (f)	lárva	[la:rvɒ]

184. Animais. Partes do corpo

bico (m)	csőr	[ʧø:r]
asas (f pl)	szárnyak	[sa:rɲɒk]
pata (f)	láb	[la:b]
plumagem (f)	tollazat	[tollɒzɒt]
pena, pluma (f)	toll	[toll]
crista (f)	bóbita	[bo:bitɒ]

brânquias, guelras (f pl)	kopoltyúk	[kopolcu:k]
ovas (f pl)	halikra	[hɒlikrɒ]
larva (f)	lárva	[la:rvɒ]
barbatana (f)	uszony	[usoɲ]
escama (f)	pikkely	[pikkɛj]

presa (f)	agyar	[ɒɟor]
pata (f)	mancs	[mɒnʧ]
focinho (m)	pofa	[pofɒ]
boca (f)	torok	[torok]
cauda (f), rabo (m)	farok	[fɒrok]
bigodes (m pl)	bajusz	[bɒjus]

casco (m)	pata	[pɒtɒ]
corno (m)	szarv	[sɒrv]

carapaça (f)	páncél	[pa:ntse:l]
concha (f)	kagyló	[kɒɟlo:]
casca (f) de ovo	héj	[he:j]

pelo (m)	szőr	[sø:r]
pele (f), couro (m)	bőr	[bø:r]

185. Animais. Habitats

hábitat (m)	lakókörnyezet	[lɒko: kørnɛzɛt]
migração (f)	vándorlás	[va:ndorla:ʃ]

montanha (f)	hegy	[hɛɟ]
recife (m)	szirt	[sirt]
falésia (f)	szikla	[siklɒ]
floresta (f)	erdő	[ɛrdø:]
selva (f)	dzsungel	[dʒuŋgɛl]

| savana (f) | szavanna | [sɒvɒnnɒ] |
| tundra (f) | tundra | [tundrɒ] |

estepe (f)	sztyepp	[scɛpp]
deserto (m)	sivatag	[ʃivɒtɒg]
oásis (m)	oázis	[oa:ziʃ]

mar (m)	tenger	[tɛŋgɛr]
lago (m)	tó	[to:]
oceano (m)	óceán	[o:tsɛa:n]

pântano (m)	mocsár	[motʃa:r]
de água doce	édesvízi	[e:dɛʃvi:zi]
lagoa (f)	tó	[to:]
rio (m)	folyó	[fojo:]

toca (f) do urso	medvebarlang	[mɛdvɛ bɒrlɒŋg]
ninho (m)	fészek	[fe:sɛk]
buraco (m) de árvore	odú	[odu:]
toca (f)	üreg	[yrɛg]
formigueiro (m)	hangyaboly	[hɒɲɒboj]

Flora

186. Árvores

árvore (f)	fa	[fɒ]
decídua (adj)	lombos	[lomboʃ]
conífera (adj)	tűlevelű	[tyːlɛvɛlyː]
perene (adj)	örökzöld	[ørøgzøld]
macieira (f)	almafa	[ɒlmɒfɒ]
pereira (f)	körte	[kørtɛ]
cerejeira (f)	cseresznyefa	[tʃɛrɛsnɛfɒ]
ginjeira (f)	meggyfa	[mɛdɟfɒ]
ameixeira (f)	szilvafa	[silvɒfɒ]
bétula (f)	nyírfa	[ɲiːrfɒ]
carvalho (m)	tölgy	[tølɟ]
tília (f)	hársfa	[haːrʃfɒ]
choupo-tremedor (m)	rezgő nyár	[rɛzgøː ɲaːr]
bordo (m)	jávorfa	[jaːvorfɒ]
espruce (m)	lucfenyő	[lutsfɛɲøː]
pinheiro (m)	erdei fenyő	[ɛrdɛi fɛɲøː]
alerce, lariço (m)	vörösfenyő	[vørøʃfɛɲøː]
abeto (m)	jegenyefenyő	[jɛgɛnɛfɛɲøː]
cedro (m)	cédrus	[tseːdruʃ]
choupo, álamo (m)	nyárfa	[ɲaːrfɒ]
tramazeira (f)	berkenye	[bɛrkɛnɛ]
salgueiro (m)	fűzfa	[fyːzfɒ]
amieiro (m)	égerfa	[ɛgeːrfɒ]
faia (f)	bükkfa	[bykkfɒ]
ulmeiro, olmo (m)	szilfa	[silfɒ]
freixo (m)	kőrisfa	[køːriʃfɒ]
castanheiro (m)	gesztenye	[gɛstɛnɛ]
magnólia (f)	magnólia	[mɒgnoːliɒ]
palmeira (f)	pálma	[paːlmɒ]
cipreste (m)	ciprusfa	[tsipruʃfɒ]
mangue (m)	mangrove	[mɒŋgrov]
embondeiro, baobá (m)	Majomkenyérfa	[mɒjomkɛneːrfɒ]
eucalipto (m)	eukaliptusz	[ɛukɒliptus]
sequoia (f)	mamutfenyő	[mɒmutfɛɲøː]

187. Arbustos

arbusto (m)	bokor	[bokor]
arbusto (m), moita (f)	cserje	[tʃɛrjɛ]

| videira (f) | szőlő | [sø:lø:] |
| vinhedo (m) | szőlőskert | [sø:lø:ʃkɛrt] |

framboeseira (f)	málna	[ma:lnɒ]
groselheira-vermelha (f)	ribizli	[ribizli]
groselheira (f) espinhosa	egres	[ɛgrɛʃ]

acácia (f)	akácfa	[ɒka:tsfɒ]
bérberis (f)	sóskaborbolya	[ʃo:ʃkɒ borbojɒ]
jasmim (m)	jázmin	[ja:zmin]

junípero (m)	boróka	[boro:kɒ]
roseira (f)	rózsabokor	[ro:ʒɒ bokor]
roseira (f) brava	vadrózsa	[vɒdro:ʒɒ]

188. Cogumelos

cogumelo (m)	gomba	[gombɒ]
cogumelo (m) comestível	ehető gomba	[ɛhɛtø: gombɒ]
cogumelo (m) venenoso	mérges gomba	[me:rgɛʃ gombɒ]
chapéu (m)	kalap	[kɒlɒp]
pé, caule (m)	tönk	[tøŋk]

boleto, porcino (m)	ízletes vargánya	[i:zlɛtɛʃ vɒrga:ɲɒ]
boleto (m) alaranjado	vörös érdesnyelű tinóru	[vørøʃ e:rdɛʃɲɛly: tinoru:]
boleto (m) de bétula	barna érdestinóru	[bɒrnɒ e:rdɛʃtino:ru]
cantarelo (m)	rókagomba	[ro:kɒgombɒ]
rússula (f)	galambgomba	[gɒlɒmbgombɒ]

morchella (f)	kucsmagomba	[kuʧmɒgombɒ]
agário-das-moscas (m)	légyölő gomba	[le:ɟølø: gombɒ]
cicuta (f) verde	mérges gomba	[me:rgɛʃ gombɒ]

189. Frutos. Bagas

maçã (f)	alma	[ɒlmɒ]
pera (f)	körte	[kørtɛ]
ameixa (f)	szilva	[silvɒ]

morango (m)	eper	[ɛpɛr]
ginja (f)	meggy	[mɛdɟ]
cereja (f)	cseresznye	[ʧɛrɛsnɛ]
uva (f)	szőlő	[sø:lø:]

framboesa (f)	málna	[ma:lnɒ]
groselha (f) negra	feketeribizli	[fɛkɛtɛ ribizli]
groselha (f) vermelha	pirosribizli	[piroʃribizli]
groselha (f) espinhosa	egres	[ɛgrɛʃ]
oxicoco (m)	áfonya	[a:foɲɒ]

| laranja (f) | narancs | [nɒrɒnʧ] |
| tangerina (f) | mandarin | [mɒndɒrin] |

abacaxi (m)	ananász	[ɒnɒnaːs]
banana (f)	banán	[bɒnaːn]
tâmara (f)	datolya	[dɒtojɒ]

limão (m)	citrom	[tsitrom]
damasco (m)	sárgabarack	[ʃaːrgɒbɒrɒtsk]
pêssego (m)	őszibarack	[øːsibɒrɒtsk]
quiuí (m)	kivi	[kivi]
toranja (f)	citrancs	[tsitrɒntʃ]

baga (f)	bogyó	[bojøː]
bagas (f pl)	bogyók	[bojøːk]
arando (m) vermelho	vörös áfonya	[vørøʃ aːfojɒ]
morango-silvestre (m)	szamóca	[sɒmoːtsɒ]
mirtilo (m)	fekete áfonya	[fɛkɛtɛ aːfojɒ]

190. Flores. Plantas

| flor (f) | virág | [viraːg] |
| buquê (m) de flores | csokor | [tʃokor] |

rosa (f)	rózsa	[roːʒɒ]
tulipa (f)	tulipán	[tulipaːn]
cravo (m)	szegfű	[sɛgfyː]
gladíolo (m)	gladiólusz	[glɒdioːlus]

centáurea (f)	búzavirág	[buːzɒviraːg]
campainha (f)	harangvirág	[hɒrɒŋgviraːg]
dente-de-leão (m)	pitypang	[picpɒŋg]
camomila (f)	kamilla	[kɒmillɒ]

aloé (m)	aloé	[ɒloeː]
cacto (m)	kaktusz	[kɒktus]
fícus (m)	gumifa	[gumifɒ]

lírio (m)	liliom	[liliom]
gerânio (m)	muskátli	[muʃkaːtli]
jacinto (m)	jácint	[jaːtsint]

mimosa (f)	mimóza	[mimoːzɒ]
narciso (m)	nárcisz	[naːrtsis]
capuchinha (f)	sarkantyúvirág	[ʃɒrkɒɲcuːviraːg]

orquídea (f)	orchidea	[orhidɛɒ]
peônia (f)	pünkösdi rózsa	[pyŋkøʃdi roːʒɒ]
violeta (f)	ibolya	[ibojɒ]

amor-perfeito (m)	árvácska	[aːrvaːtʃkɒ]
não-me-esqueças (m)	nefelejcs	[nɛfɛlɛjtʃ]
margarida (f)	százszorszép	[saːzsorseːp]

papoula (f)	mák	[maːk]
cânhamo (m)	kender	[kɛndɛr]
hortelã, menta (f)	menta	[mɛntɒ]

lírio-do-vale (m)	gyöngyvirág	[døɲɟvira:g]
campânula-branca (f)	hóvirág	[ho:vira:g]

urtiga (f)	csalán	[ʧɒla:n]
azedinha (f)	sóska	[ʃo:ʃkɒ]
nenúfar (m)	tündérrózsa	[tynde:rro:ʒɒ]
samambaia (f)	páfrány	[pa:fra:ɲ]
líquen (m)	sömör	[ʃømør]

estufa (f)	melegház	[mɛlɛkha:z]
gramado (m)	gyep	[ɟɛp]
canteiro (m) de flores	virágágy	[vira:ga:ɟ]

planta (f)	növény	[nøve:ɲ]
grama (f)	fű	[fy:]
folha (f) de grama	fűszál	[fy:sa:l]

folha (f)	levél	[lɛve:l]
pétala (f)	szirom	[sirom]
talo (m)	szár	[sa:r]
tubérculo (m)	gumó	[gumo:]

broto, rebento (m)	hajtás	[hɒjta:ʃ]
espinho (m)	tüske	[tyʃkɛ]

florescer (vi)	virágzik	[vira:gzik]
murchar (vi)	elhervad	[ɛlhɛrvɒd]
cheiro (m)	illat	[illɒt]
cortar (flores)	lemetsz	[lɛmɛts]
colher (uma flor)	leszakít	[lɛsɒki:t]

191. Cereais, grãos

grão (m)	gabona	[gɒbonɒ]
cereais (plantas)	gabonanövény	[gɒbonɒnøve:ɲ]
espiga (f)	kalász	[kɒla:s]

trigo (m)	búza	[bu:zɒ]
centeio (m)	rozs	[roʒ]
aveia (f)	zab	[zɒb]
painço (m)	köles	[kølɛʃ]
cevada (f)	árpa	[a:rpɒ]

milho (m)	kukorica	[kukoritsɒ]
arroz (m)	rizs	[riʒ]
trigo-sarraceno (m)	hajdina	[hɒjdinɒ]

ervilha (f)	borsó	[borʃo:]
feijão (m) roxo	bab	[bɒb]
soja (f)	szója	[so:jɒ]
lentilha (f)	lencse	[lɛnʧɛ]
feijão (m)	bab	[bɒb]

GEOGRAFIA REGIONAL

Países. Nacionalidades

192. Política. Governo. Parte 1

política (f)	politika	[politikɒ]
político (adj)	politikai	[politikɒi]
político (m)	politikus	[politikuʃ]
estado (m)	állam	[a:llɒm]
cidadão (m)	állampolgár	[a:llɒmpolga:r]
cidadania (f)	állampolgárság	[a:llɒmpolga:rʃa:g]
brasão (m) de armas	nemzeti címer	[nɛmzɛti tsi:mɛr]
hino (m) nacional	állami himnusz	[a:llɒmi himnus]
governo (m)	kormány	[korma:ɲ]
Chefe (m) de Estado	államfő	[a:llɒmfø:]
parlamento (m)	parlament	[pɒrlɒmɛnt]
partido (m)	párt	[pa:rt]
capitalismo (m)	tőkés rendszer	[tø:keʃ rɛndsɛr]
capitalista (adj)	tőkés	[tø:keʃ]
socialismo (m)	szocializmus	[sotsiɒlizmuʃ]
socialista (adj)	szocialista	[sotsiɒliʃtɒ]
comunismo (m)	kommunizmus	[kommunizmuʃ]
comunista (adj)	kommunista	[kommuniʃtɒ]
comunista (m)	kommunista	[kommuniʃtɒ]
democracia (f)	demokrácia	[dɛmokra:tsiɒ]
democrata (m)	demokrata	[dɛmokrɒtɒ]
democrático (adj)	demokratikus	[dɛmokrɒtikuʃ]
Partido (m) Democrático	demokrata párt	[dɛmokrɒtɒ pa:rt]
liberal (m)	liberális párt tagja	[libɛra:liʃ pa:rt tɒgjɒ]
liberal (adj)	liberális	[libɛra:liʃ]
conservador (m)	konzervatív párt tagja	[konzɛrvɒti:v pa:rt tɒgjɒ]
conservador (adj)	konzervatív	[konzɛrvɒti:v]
república (f)	köztársaság	[køsta:rʃɒʃa:g]
republicano (m)	köztársaságpárti	[køsta:rʃɒʃa:gpa:rti]
Partido (m) Republicano	köztársaságpárt	[køsta:rʃɒʃa:gpa:rt]
eleições (f pl)	választások	[va:lɒsta:ʃok]
eleger (vt)	választ	[va:lɒst]

eleitor (m)	választó	[va:lɒsto:]
campanha (f) eleitoral	választási kampány	[va:lɒsta:ʃi kɒmpa:ɲ]
votação (f)	szavazás	[sɒvɒza:ʃ]
votar (vi)	szavaz	[sɒvɒz]
sufrágio (m)	szavazási jog	[sɒvɒza:ʃi jog]
candidato (m)	jelölt	[jɛlølt]
candidatar-se (vi)	jelölteti magát	[jɛløltɛti mɒga:t]
campanha (f)	kampány	[kɒmpa:ɲ]
da oposição	ellenzéki	[ɛllɛnze:ki]
oposição (f)	ellenzék	[ɛllɛnze:k]
visita (f)	látogatás	[la:togɒta:ʃ]
visita (f) oficial	hivatalos látogatás	[hivɒtɒloʃ la:togɒta:ʃ]
internacional (adj)	nemzetközi	[nɛmzɛtkøzi]
negociações (f pl)	tárgyalások	[ta:rɟola:ʃok]
negociar (vi)	tárgyal	[ta:rɟol]

193. Política. Governo. Parte 2

sociedade (f)	társaság	[ta:rʃɒʃa:g]
constituição (f)	alkotmány	[ɒlkotma:ɲ]
poder (ir para o ~)	hatalom	[hɒtɒlom]
corrupção (f)	korrupció	[korruptsio:]
lei (f)	törvény	[tørve:ɲ]
legal (adj)	törvényes	[tørve:nɛʃ]
justeza (f)	igazság	[igɒʃa:g]
justo (adj)	igazságos	[igɒʃa:goʃ]
comitê (m)	bizottság	[bizottʃa:g]
projeto-lei (m)	törvényjavaslat	[tørve:ɲɒvɒʃlɒt]
orçamento (m)	költségvetés	[køltʃe:gvɛte:ʃ]
política (f)	politika	[politikɒ]
reforma (f)	reform	[rɛform]
radical (adj)	radikális	[rɒdika:liʃ]
força (f)	hatalom	[hɒtɒlom]
poderoso (adj)	hatalmos	[hɒtɒlmoʃ]
partidário (m)	hív	[hi:v]
influência (f)	hatás	[hɒta:ʃ]
regime (m)	rendszer	[rɛndsɛr]
conflito (m)	konfliktus	[konfliktuʃ]
conspiração (f)	összeesküvés	[øssɛɛʃkyve:ʃ]
provocação (f)	provokáció	[provoka:tsio:]
derrubar (vt)	letaszít	[lɛtɒsi:t]
derrube (m), queda (f)	letaszítás	[lɛtɒsi:ta:ʃ]
revolução (f)	forradalom	[forrɒdɒlom]·

| golpe (m) de Estado | államcsíny | [a:llɒmtʃiːɲ] |
| golpe (m) militar | katonai puccs | [kɒtonɒi putʃ] |

crise (f)	válság	[vaːlʃaːg]
recessão (f) econômica	gazdasági hanyatlás	[gɒzdɒʃaːgi hɒɲɒtlaːʃ]
manifestante (m)	felvonuló	[fɛlvonuloː]
manifestação (f)	felvonulás	[fɛlvonulaːʃ]
lei (f) marcial	hadiállapot	[hɒdiaːllɒpot]
base (f) militar	támaszpont	[taːmɒspont]

| estabilidade (f) | szilárdság | [silaːrdʃaːg] |
| estável (adj) | szilárd | [silaːrd] |

| exploração (f) | kizsákmányolás | [kiʒaːkmaːnølaːʃ] |
| explorar (vt) | kizsákmányol | [kiʒaːkmaːnøl] |

racismo (m)	fajelmélet	[fɒjɛlmeːlɛt]
racista (m)	fajvédő	[fɒjveːdøː]
fascismo (m)	fasizmus	[fɒʃizmuʃ]
fascista (m)	fasiszta	[fɒʃistɒ]

194. Países. Diversos

estrangeiro (m)	külföldi	[kylføldi]
estrangeiro (adj)	idegen	[idɛgɛn]
no estrangeiro	külföldön	[kylføldøn]

emigrante (m)	emigráns	[ɛmigraːnʃ]
emigração (f)	emigrálás	[ɛmigraːlaːʃ]
emigrar (vi)	emigrál	[ɛmigraːl]

Ocidente (m)	a Nyugat	[ɒ ɲugɒt]
Oriente (m)	a Kelet	[ɒ kɛlɛt]
Extremo Oriente (m)	TávolKelet	[taːvolkɛlɛt]

civilização (f)	civilizáció	[tsiviliza:tsio:]
humanidade (f)	emberiség	[ɛmbɛriʃeːg]
mundo (m)	világ	[vilaːg]
paz (f)	béke	[beːkɛ]
mundial (adj)	világ	[vilaːg]

pátria (f)	haza	[hɒzɒ]
povo (população)	nép	[neːp]
população (f)	lakosság	[lɒkoʃaːg]
gente (f)	emberek	[ɛmbɛrɛk]
nação (f)	nemzet	[nɛmzɛt]
geração (f)	nemzedék	[nɛmzɛdeːk]

território (m)	terület	[tɛrylɛt]
região (f)	régió	[reːgioː]
estado (m)	állam	[aːllɒm]

| tradição (f) | hagyomány | [hɒɟømaːɲ] |
| costume (m) | szokás | [sokaːʃ] |

ecologia (f)	ökológia	[økolo:giɒ]
índio (m)	indián	[india:n]
cigano (m)	cigány	[tsiga:ɲ]
cigana (f)	cigány nő	[tsiga:ɲ nø:]
cigano (adj)	cigány	[tsiga:ɲ]

império (m)	birodalom	[birodɒlom]
colônia (f)	gyarmat	[ɟormɒt]
escravidão (f)	rabság	[rɒbʃa:g]
invasão (f)	invázió	[inva:zio:]
fome (f)	éhség	[e:hʃe:g]

195. Grupos religiosos mais importantes. Confissões

religião (f)	vallás	[vɒlla:ʃ]
religioso (adj)	vallásos	[vɒlla:ʃoʃ]

crença (f)	hit	[hit]
crer (vt)	hisz	[his]
crente (m)	istenhívő	[iʃtɛnhi:vø:]

ateísmo (m)	ateizmus	[ɒtɛizmuʃ]
ateu (m)	ateista	[ɒtɛiʃtɒ]

cristianismo (m)	kereszténység	[kɛrɛste:ɲʃe:g]
cristão (m)	keresztény	[kɛrɛste:ɲ]
cristão (adj)	keresztény	[kɛrɛste:ɲ]

catolicismo (m)	katolicizmus	[kɒtolitsizmuʃ]
católico (m)	katolikus	[kɒtolikuʃ]
católico (adj)	katolikus	[kɒtolikuʃ]

protestantismo (m)	protestantizmus	[protɛʃtɒntizmuʃ]
Igreja (f) Protestante	protestáns egyház	[protɛsta:nʃ ɛɟha:z]
protestante (m)	protestáns	[protɛsta:nʃ]

ortodoxia (f)	igazhitűség	[igɒzhity:se:g]
Igreja (f) Ortodoxa	ortodox egyház	[ortodoks ɛcha:z]
ortodoxo (m)	ortodox	[ortodoks]

presbiterianismo (m)	presbiteriánus egyház	[prɛʃbiteria:nuʃ ɛɟha:z]
Igreja (f) Presbiteriana	presbiteriánus egyház	[prɛʃbiteria:nuʃ ɛɟha:z]
presbiteriano (m)	presbiteriánus	[prɛʃbiteria:nuʃ]

luteranismo (m)	lutheránus egyház	[lutɛra:nuʃ ɛɟha:z]
luterano (m)	lutheránus	[lutɛra:nuʃ]

Igreja (f) Batista	baptizmus	[bɒptizmuʃ]
batista (m)	baptista	[bɒptiʃtɒ]

Igreja (f) Anglicana	anglikán egyház	[ɒŋglika:n ɛɟha:z]
anglicano (m)	anglikán	[ɒŋglika:n]
mormonismo (m)	mormon vallás	[mormon vɒlla:ʃ]
mórmon (m)	mormon	[mormon]

| Judaísmo (m) | judaizmus | [judɒizmuʃ] |
| judeu (m) | zsidó férfi | [ʒidoː feːrfi] |

| budismo (m) | buddhizmus | [buddizmuʃ] |
| budista (m) | buddhista | [buddiʃtɒ] |

| hinduísmo (m) | hinduizmus | [hinduizmuʃ] |
| hindu (m) | hinduista | [induiʃtɒ] |

Islã (m)	iszlám	[islaːm]
muçulmano (m)	muzulmán	[muzulmaːn]
muçulmano (adj)	muzulmán	[muzulmaːn]

| xiismo (m) | síita vallás | [ʃiːitɒ vɒllaːʃ] |
| xiita (m) | síita hívő | [ʃiːitɒ hiːvøː] |

| sunismo (m) | szunnita vallás | [sunnitɒ vɒllaːʃ] |
| sunita (m) | szunnita | [sunnitɒ] |

196. Religiões. Padres

| padre (m) | pap | [pɒp] |
| Papa (m) | a római pápa | [ɒ roːmɒi paːpɒ] |

monge (m)	barát	[bɒraːt]
freira (f)	apáca	[ɒpaːtsɒ]
pastor (m)	lelki pásztor	[lɛlki paːstor]

abade (m)	apát	[ɒpaːt]
vigário (m)	vikárius	[vikaːriuʃ]
bispo (m)	püspök	[pyʃpøk]
cardeal (m)	bíboros	[biːboroʃ]

pregador (m)	prédikátor	[preːdikaːtor]
sermão (m)	prédikáció	[preːdikaːtsioː]
paroquianos (pl)	parókia	[pɒroːkiɒ]

| crente (m) | istenhívő | [iʃtɛnhiːvøː] |
| ateu (m) | ateista | [ɒtɛiʃtɒ] |

197. Fé. Cristianismo. Islão

| Adão | Ádám | [aːdaːm] |
| Eva | Éva | [eːvɒ] |

Deus (m)	Isten	[iʃtɛn]
Senhor (m)	Úr	[uːr]
Todo Poderoso (m)	Mindenható	[mindɛnhɒtoː]

pecado (m)	bűn	[byːn]
pecar (vi)	bűnt követ el	[byːnt køvɛt ɛl]
pecador (m)	bűnös	[byːnøʃ]

pecadora (f)	bűnös nő	[by:nøʃ nø:]
inferno (m)	pokol	[pokol]
paraíso (m)	paradicsom	[pɒrɒditʃom]
Jesus	Jézus	[je:zuʃ]
Jesus Cristo	Jézus Krisztus	[je:zuʃ kristuʃ]
Espírito (m) Santo	szentlélek	[sɛntle:lɛk]
Salvador (m)	Megváltó	[mɛgva:lto:]
Virgem Maria (f)	Szűzanya	[sy:zɒɲɒ]
Diabo (m)	ördög	[ørdøg]
diabólico (adj)	ördögi	[ørdøgi]
Satanás (m)	sátán	[ʃa:ta:n]
satânico (adj)	sátáni	[ʃa:ta:ni]
anjo (m)	angyal	[ɒɲɟɒl]
anjo (m) da guarda	őrangyal	[ø:rɒɲɟɒl]
angelical	angyali	[ɒɲɟɒli]
apóstolo (m)	apostol	[ɒpoʃtol]
arcanjo (m)	arkangyal	[ɒrkɒɲɟɒl]
anticristo (m)	Antikrisztus	[ɒntikristuʃ]
Igreja (f)	Egyház	[ɛɟha:z]
Bíblia (f)	Biblia	[bibliɒ]
bíblico (adj)	bibliai	[bibliɒi]
Velho Testamento (m)	Ószövetség	[o:søvɛtʃe:g]
Novo Testamento (m)	Újszövetség	[u:jsøvɛtʃe:g]
Evangelho (m)	evangélium	[ɛvɒŋge:lium]
Sagradas Escrituras (f pl)	szentírás	[sɛnti:ra:ʃ]
Céu (sete céus)	mennyország	[mɛnɲorsa:g]
mandamento (m)	parancs	[pɒrɒntʃ]
profeta (m)	próféta	[pro:fe:tɒ]
profecia (f)	jóslat	[jo:ʃlɒt]
Alá (m)	Allah	[ɒllɒh]
Maomé (m)	Mohamed	[mohɒme:d]
Alcorão (m)	Korán	[kora:n]
mesquita (f)	mecset	[mɛtʃɛt]
mulá (m)	mullah	[mullɒ]
oração (f)	ima	[imɒ]
rezar, orar (vi)	imádkozik	[ima:dkozik]
peregrinação (f)	zarándoklat	[zɒra:ndoklɒt]
peregrino (m)	zarándok	[zɒra:ndok]
Meca (f)	Mekka	[mɛkkɒ]
igreja (f)	templom	[tɛmplom]
templo (m)	templom	[tɛmplom]
catedral (f)	székesegyház	[se:kɛʃɛɟha:z]
gótico (adj)	gótikus	[go:tikuʃ]
sinagoga (f)	zsinagóga	[ʒinɒgo:gɒ]

mesquita (f)	mecset	[mɛtʃɛt]
capela (f)	kápolna	[ka:polnɒ]
abadia (f)	apátság	[ɒpa:tʃa:g]
convento (m)	zárda	[za:rdɒ]
monastério (m)	kolostor	[kolostor]

sino (m)	harang	[hɒrɒŋg]
campanário (m)	harangtorony	[hɒrɒŋktoroɲ]
repicar (vi)	cseng	[tʃɛŋg]

cruz (f)	kereszt	[kɛrɛst]
cúpula (f)	kupola	[kupolɒ]
ícone (m)	ikon	[ikon]

alma (f)	lélek	[le:lɛk]
destino (m)	sors	[ʃorʃ]
mal (m)	gonosz	[gonos]
bem (m)	jó	[jo:]

vampiro (m)	vámpír	[va:mpi:r]
bruxa (f)	boszorkány	[bosorka:ɲ]
demônio (m)	démon	[de:mon]
espírito (m)	lélek	[le:lɛk]

| redenção (f) | levezeklés | [lɛvɛzɛkle:ʃ] |
| redimir (vt) | levezekel | [lɛvɛzɛkɛl] |

missa (f)	istentisztelet	[iʃtɛntistɛlɛt]
celebrar a missa	celebrál	[tsɛlɛbra:l]
confissão (f)	gyónás	[ɟø:na:ʃ]
confessar-se (vr)	gyón	[ɟø:n]

santo (m)	szent	[sɛnt]
sagrado (adj)	szent	[sɛnt]
água (f) benta	szenteltvíz	[sɛntɛltvi:z]

ritual (m)	rítus	[ri:tuʃ]
ritual (adj)	rituális	[ritua:liʃ]
sacrifício (m)	áldozati szertartás	[a:ldozɒti sɛrtɒrta:ʃ]

superstição (f)	babona	[bɒbonɒ]
supersticioso (adj)	babonás	[bɒbona:ʃ]
vida (f) após a morte	túlvilág	[tu:lvila:g]
vida (f) eterna	örökélet	[ørøke:lɛt]

TEMAS DIVERSOS

198. Várias palavras úteis

ajuda (f)	segítség	[ʃɛgiːtʃeːg]
barreira (f)	akadály	[ɒkɒdaːj]
base (f)	alap	[ɒlɒp]
categoria (f)	kategória	[kɒtɛgoːriɒ]
causa (f)	ok	[ok]
coincidência (f)	egybeesés	[ɛɟbɛɛʃeːʃ]
coisa (f)	holmi	[holmi]
começo, início (m)	kezdet	[kɛzdɛt]
cômodo (ex. poltrona ~a)	kényelmes	[keːnɛlmɛʃ]
comparação (f)	összehasonlítás	[øssɛhɒʃonliːtaːʃ]
compensação (f)	térítés	[teːriːteːʃ]
crescimento (m)	növekedés	[nøvɛkɛdeːʃ]
desenvolvimento (m)	fejlődés	[fɛjløːdeːʃ]
diferença (f)	különbség	[kylønbʃeːg]
efeito (m)	hatás	[hɒtaːʃ]
elemento (m)	elem	[ɛlɛm]
equilíbrio (m)	mérleg	[meːrlɛg]
erro (m)	hiba	[hibɒ]
esforço (m)	erőfeszítés	[ɛrøːfɛsiːteːʃ]
estilo (m)	stílus	[ʃtiːluʃ]
exemplo (m)	példa	[peːldɒ]
fato (m)	tény	[teːɲ]
fim (m)	vég	[veːg]
forma (f)	forma	[formɒ]
frequente (adj)	gyakori	[ɟokori]
fundo (ex. ~ verde)	háttér	[haːtteːr]
gênero (tipo)	fajta	[fɒjtɒ]
grau (m)	fokozat	[fokozɒt]
ideal (m)	eszménykép	[ɛsmeːɲkeːp]
labirinto (m)	labirintus	[lɒbirintuʃ]
modo (m)	módszer	[moːdsɛr]
momento (m)	pillanat	[pillɒnɒt]
objeto (m)	tárgy	[taːrɟ]
obstáculo (m)	akadály	[ɒkɒdaːj]
original (m)	az eredeti	[ɒz ɛrɛdɛti]
padrão (adj)	szabványos	[sɒbvaːnøʃ]
padrão (m)	szabvány	[sɒbvaːɲ]
paragem (pausa)	szünet	[synɛt]
parte (f)	rész	[reːs]

partícula (f)	részecske	[re:sɛtʃkɛ]
pausa (f)	szünet	[synɛt]
posição (f)	helyzet	[hɛjzɛt]
princípio (m)	elv	[ɛlv]

problema (m)	probléma	[proble:mɒ]
processo (m)	folyamat	[fojɒmɒt]
progresso (m)	haladás	[hɒlɒda:ʃ]
propriedade (qualidade)	sajátosság	[ʃɒja:toʃa:g]

reação (f)	reakció	[rɛɒktsio:]
risco (m)	kockázat	[kotʃka:zɒt]
ritmo (m)	tempó	[tɛmpo:]
segredo (m)	titok	[titok]
série (f)	sorozat	[ʃorozɒt]

sistema (m)	rendszer	[rɛndsɛr]
situação (f)	helyzet	[hɛjzɛt]
solução (f)	megoldás	[mɛgolda:ʃ]
tabela (f)	táblázat	[ta:bla:zɒt]
termo (ex. ~ técnico)	szakkifejezés	[sɒkkifɛjɛze:ʃ]

tipo (m)	típus	[ti:puʃ]
urgente (adj)	sürgős	[ʃyrgø:ʃ]
urgentemente	sürgősen	[ʃyrgø:ʃɛn]
utilidade (f)	haszon	[hɒson]

variante (f)	változat	[va:ltozɒt]
variedade (f)	választás	[va:lɒsta:ʃ]
verdade (f)	igazság	[igɒʃa:g]
vez (f)	sor	[ʃor]
zona (f)	övezet	[øvɛzɛt]